AF808383

Die Aufgaben
der
Staatsprüfung
für den
höheren Justiz- und Verwaltungsdienst
in Bayern.

1919

Heft 1: Prüfung Frühjahr 1919.

Mit amtlicher Erlaubnis.

München 1919.
J. Schweitzer Verlag (Arthur Sellier).

Leipziger Zeitschrift
für Deutsches Recht

Unter Leitung von Dr. F. von Miltner, B. Staatsminister a. D.

herausgegeben von

Dr. A. Düringer Dr. L. Ebermayer Dr. M. Hachenburg

Dr. E. Jaeger H. Könige E. Meyn Dr. F. Stein,

J. Schweitzer Verlag (Arthur Sellier) in München, Berlin und Leipzig.

Monatlich zwei Hefte in Quart. Preis vierteljährlich Mk. 7.50.—.
Preise der früheren Jahrgänge der „Leipziger Zeitschrift für Deutsches Recht“: I/X. Jahrg. 1907/16 geb. à Mk. 8.—, XI. Jahrg. 1917 geb. Mk. 10.—, XII. Jahrg. 1918 geb. Mk. 23.—. I.—XII. Jahrg. 1907—1918 zusammen, geb. Mk. 110.—.

Die LZ. behandelt das gesamte Deutsche Recht einschließlich des Strafrechts. Das Hauptgewicht legt sie auf die Pflege der Bedürfnisse der Praxis. In den Abhandlungen und aus der Rechtsprechung will sie nur dauernd Wertvolles und Förderndes bringen. Sie ist daher zur Vorbereitung auf die Staatsprüfung, soweit Reichsrecht in Frage kommt, ganz besonders geeignet.

——— Probenummern kostenlos. ———

Annalen des Deutschen Reichs
für Gesetzgebung, Verwaltung und Volkswirtschaft.

Rechts- und staatswissenschaftliche Zeitschrift und Materialiensammlung.

Begründet von

Dr. Georg Hirth und Dr. Max von Seydel.

Herausgegeben von

Dr. Karl Theodor v. Eheberg u. Dr. Anton Dyroff.

Halbjährlich 6 Hefte. Abonnementspreis **Mk. 10.—.**

12 Hefte bilden einen Band; Preis des Bandes Mk. 20.—.

Die „Annalen“ bringen als rechts- und staatswissenschaftliche Zeitschrift allgemeineren Charakters eine große Anzahl von Abhandlungen und Artikeln aus weiten Gebieten der **Finanz- und Volkswirtschaft, Gesetzgebung** und **Verwaltung**. Zu wichtigen Fragen der **Politik** wird in sachlicher, vornehmer Weise Stellung genommen.

Sie haben sich deshalb besonders auch bewährt als **vortreffliches Hilfsmittel zur Vorbereitung auf die**

Staatsprüfung.

J. Schweitzer Verlag (Arthur Sellier) München.

Die

Staatsprüfungs-Aufgaben

im Jahre

1919.

Druck von Dr. F. P. Datterer & Cie. (Arthur Sellier) München-Freising.

Inhalt.

Erste Abteilung.

1. Aufgabe.

(Aufgabe mit fünfstündiger Arbeitsfrist.)

Der Hotelbesitzer Moser schuldete dem Bierbrauer Wenz für geliefertes Bier 12000 ℳ. Für die Erfüllung der Verbindlichkeit des Moser hat der Kaufmann Fischer dem Wenz Bürgschaft geleistet und an diesen auf Grund der Bürgschaft am 2. Juli 1913 12000 ℳ Hauptsache und 1200 ℳ Zinsen und Kosten bezahlt. Fischer verlangte nun von Moser Schadloshaltung und erhob gegen diesen, nachdem er trotz wiederholter Mahnung Zahlung nicht erhalten konnte, im Oktober 1913 Klage zum örtlich zuständigen Landgerichte mit dem Antrag, den Beklagten zur Zahlung von 13200 ℳ nebst 4 % Zinsen seit dem Tage der Zustellung der Klage sowie zur Kostentragung zu verurteilen und das Urteil gegen Sicherheitsleistung für vorläufig vollstreckbar zu erklären. Die Klage wurde am 20. Oktober 1913 zugestellt.

Der Beklagte Moser beantragte Abweisung der Klage. Er gab zu, daß der Kläger als Bürge den Wenz durch Zahlung der Hauptsache, Zinsen und Kosten in den angegebenen Beträgen befriedigt habe, wendete aber folgendes ein: Für seine Schuld an Wenz habe er diesem außer durch die Bürgschaft des Klägers auch dadurch Sicherheit geleistet, daß er dem Wenz eine ihm gehörige beim Kläger stehende Maschine verpfändete. Diese habe der Kläger ohne Wissen des Beklagten verkauft und den Erlös zu 47000 ℳ widerrechtlich für sich behalten. Den Anspruch auf Herausgabe des Erlöses mache er gegen die Forderung des Klägers aufrechnungsweise geltend.

Der Kläger brachte dagegen vor, die Aufrechnung sei unzulässig. Er habe gegen den Beklagten nicht eine eigene

Forderung, sondern die des Gläubigers Wenz geltend gemacht. Gegen diese könne der Beklagte nicht mit einer Forderung gegen ihn aufrechnen. Die Aufrechnung sei aber auch unbegründet, er habe die Maschine nicht ohne Wissen des Beklagten verkauft, den Erlös nicht widerrechtlich für sich behalten, sei vielmehr auf Grund einer Vereinbarung mit dem Beklagten berechtigt gewesen, die Maschine zu veräußern und sich aus dem Erlöse für eine Darlehensforderung gegen den Beklagten in der Höhe von 50000 ℳ bezahlt zu machen.

Der Beklagte trat den rechtlichen Ausführungen des Klägers entgegen, bestritt die Vereinbarung und behauptete, daß das Darlehen zur Zeit des Verkaufs der Maschine schon längst heimbezahlt gewesen sei.

Das Landgericht erließ am 10. Dezember 1914 Endurteil nach dem Klagantrag und erklärte dieses gegen Leistung einer Sicherheit in der Höhe von 18000 ℳ für vorläufig vollstreckbar. Es hatte als erwiesen angenommen, daß die vom Kläger behauptete Vereinbarung getroffen worden ist, und daß die Darlehensforderung zur Zeit der Veräußerung der Maschine noch im vollen Betrage zu Recht bestand.

Gegen das landgerichtliche Urteil legte der Beklagte rechtzeitig und rechtsförmlich Berufung zum Oberlandesgericht ein.

In dem zur mündlichen Verhandlung über die Berufung bestimmten Termine vom 15. März 1915 verlas der Prozeßbevollmächtigte des Beklagten den Antrag, das angefochtene Urteil aufzuheben, die Klage abzuweisen und den Kläger zur Zahlung von 14400 ℳ nebst 4% Zinsen aus 5000 ℳ seit 22. Dezember 1914 und aus 9400 ℳ seit 8. Januar 1915 sowie zur Tragung aller Kosten des Rechtsstreits zu verurteilen. Zur Begründung des Antrags auf Abweisung der Klage wiederholte er die in erster Instanz erklärte Aufrechnung mit der Forderung von 47000 ℳ. Zur Begründung des weiteren Antrags führte er folgendes aus: Am 22. Dezember 1914 habe der Beklagte zur Abwendung der Vollstreckung aus dem erstrichterlichen Urteil unter Vorbehalt seiner Rechte an den Kläger 5000 ℳ gezahlt. Der Kläger habe dem Beklagten daraufhin die Zusicherung gegeben, mit der Vollstreckung bis zur rechtskräftigen Erledigung des Rechtsstreits zu warten, habe aber dann gleichwohl zwei Forderungen des Beklagten gegen den Getreidehändler Huber für geliefertes Getreide zu 5000 ℳ und 4400 ℳ durch amtsgerichtlichen Beschluß pfänden und sich die beiden Forderungen zur Einziehung überweisen lassen. Am 8. Januar 1915 habe der Drittschuldner Huber an den Kläger den Betrag der beiden Forderungen gezahlt.

Der Prozeßbevollmächtigte des Klägers verlas den Antrag auf kostenfällige Zurückweisung der Berufung und der mit dieser verbundenen Anträge. Gegenüber der Aufrechnung des Beklagten mit der angeblichen Forderung zu 47000 ℳ wiederholte er die in erster Instanz gemachten Ausführungen. Gegenüber dem Anspruche des Beklagten auf Zahlung von 14400 ℳ erklärte er, daß sich der Kläger vor allem der Erhebung der Widerklage widersetze. Vorsorglich müsse er den Anspruch als unbegründet bezeichnen. Der Kläger habe zwar alsbald nach Erlassung des Urteils eine vollstreckbare Ausfertigung erwirkt und die im Urteil angeordnete Sicherheit geleistet, dem Beklagten aber die Vollstreckung in keiner Weise angedroht. Wenn daher der Beklagte am 22. Dezember 1914 an den Kläger eine Zahlung von 5000 ℳ geleistet habe, so treffe ihn eigenes Verschulden. Die Zusicherung, von der vorläufigen Vollstreckbarkeit keinen Gebrauch zu machen, werde bestritten. Der Beklagte könnte übrigens den Anspruch jedenfalls solange nicht geltend machen, als das erstinstanzielle Urteil und seine vorläufige Vollstreckbarkeit noch zu Recht bestehe. Auch könnte er Zinsen erst vom Zeitpunkte der Rechtshängigkeit, d. i. vom Tage der Erhebung der Widerklage an verlangen. Schließlich müßte der Anspruch aber auch aus dem Grunde abgewiesen werden; weil dem Kläger gegen den Beklagten noch eine weitere Forderung zustehe, mit der er für alle Fälle aufrechne. Kläger habe nämlich dem Beklagten außer dem

Darlehen zu 50000 ℳ auch ein solches zu 10000 ℳ gegeben, das seit 1. Dezember 1914 zur Rückzahlung fällig sei.

Der Vertreter des Beklagten bezeichnete die rechtlichen Ausführungen des Vertreters der Gegenpartei als irrtümlich und unbehelflich und erklärte, daß die vom Kläger aufgerechnete Gegenforderung anerkannt werde, daß aber die Aufrechnung unzulässig sei. Eine Widerklage habe er nicht erhoben.

Nach mehrfachen Vertagungen kam die Sache in der Sitzung vom 20. Januar 1916 zur Schlußverhandlung. Die Parteivertreter wiederholten ihre früheren Anträge und Erklärungen. Der Vertreter des Beklagten gab jedoch schließlich zu, daß von seiner Darlehensschuld an den Kläger zu ursprünglich 50000 ℳ zurzeit des Verkaufs der Maschine nur 12500 ℳ zurückgezahlt waren und daß der Kläger berechtigt war, die Maschine zu verkaufen und den Erlös zur Tilgung seiner Restforderung zu verwenden, also nur den Überschuß herauszugeben hatte. Der Vertreter des Klägers räumte ein, daß seine Forderung aus dem Darlehen nur noch 37500 ℳ betrug. Das Berufungsgericht erließ sodann folgendes Endurteil:

I. Das Urteil des Landgerichts vom 10. Dezember 1914 wird aufgehoben.

II. Der Beklagte ist schuldig, an den Kläger 7300 ℳ[1]) nebst 4% Zinsen seit 20. Oktober 1913 zu zahlen. Im übrigen wird die Klage abgewiesen.

III. Von den Kosten des Rechtsstreits erster und zweiter Instanz hat der Kläger ein Viertel, der Beklagte drei Viertel zu tragen.

IV. Das Urteil ist vorläufig vollstreckbar.

In den Gründen des Urteils ist ausgeführt:

Die Aufrechnung des Beklagten mit der Forderung zu 47000 ℳ ist nach den Erklärungen der Parteien nur im Betrage von 9500 ℳ begründet. Der Beklagte wäre

---

[1]) Die Zahl 7300 ist nicht ein Druckfehler in der Aufgabe, sondern ein Fehler im Urteile.

hiernach schon in erster Instanz nur zur Zahlung von 3700 ℳ nebst 4% Zinsen seit 20. Oktober 1913 zu verurteilen gewesen. Der Schadensersatzanspruch aus der Pfändung der beiden Forderungen ist an sich in der Höhe von 9400 ℳ begründet, ihm steht jedoch die Aufrechnungsforderung des Klägers im anerkannten Betrage von 10000 ℳ gegenüber. Die beiden Forderungen gelten, soweit sie sich decken, als erloschen. Der Beklagte kann daher einen Schadensersatzanspruch nicht mehr erheben.

Der Schlußsatz der Urteilsgründe lautet: Es war deshalb in der Hauptsache zu erkennen, wie geschehen, wobei es zur Vereinfachung angezeigt erschien, das erstrichterliche Urteil ganz aufzuheben und neuerlich insgesamt zu entscheiden.

1. Es ist zu prüfen, ob die Entscheidung des Berufungsgerichts richtig ist oder wie sie sonst zu lauten hatte. Dabei ist das gesamte Parteivorbringen zu würdigen und sind die zur Anwendung kommenden Gesetzesstellen anzuführen.

   Die Kostenfrage hat außer Betracht zu bleiben. Auch sind bei der Würdigung des vom Beklagten geltend gemachten Anspruchs Zinsen und Kosten, wegen deren etwa der Kläger neben der Hauptsache die Zwangsvollstreckung betreiben konnte, unberücksichtigt zu lassen.

2. Auf welchem Wege kann die Partei, die sich durch das Urteil beschwert erachtet, Abhilfe erlangen? Welches Gericht hat darüber zu entscheiden? durch Urteil oder durch Beschluß?

2. Aufgabe.

(Aufgabe mit fünfstündiger Arbeitsfrist.)

Das Anwesen des Kaufmanns Friedrich Gruber in Felden ist mit einer einzigen Hypothek belastet, einer Hypothek ohne Brief zu 12000 ℳ für die Distriktssparkasse Felden, rückzahlbar in jährlichen Teilbeträgen zu je

1000 ℳ, von denen der erste am 1. Juli 1913 fällig ist. Gruber hatte seiner Ehefrau Anna mündlich versprochen, ihr 2000 ℳ schenken zu wollen. In Erfüllung dieses Versprechens, aber unter dem Vorgeben, er habe ein Darlehen erhalten, bestellte er für seine Ehefrau mit notarieller Urkunde an seinem Anwesen eine Hypothek ohne Brief zu 2000 ℳ, die am 1. Februar 1910 in das Grundbuch eingetragen wurde. Im folgenden Jahre bestellte Gruber für ein weiteres Darlehen der Distriktssparkasse Felden zu 3000 ℳ Hypothek ohne Brief, der Anna Gruber mit ihrer Hypothek unter Zustimmung des Schuldners im Range auswich. Die Eintragung erfolgte am 1. März 1911. Zugleich wurde auf Veranlassung der Distriktssparkasse eine Vormerkung des Inhalts eingeschrieben, daß Gruber der Kasse gegenüber verpflichtet sei, deren erste Hypothek löschen zu lassen, wenn sie sich mit dem Eigentum in einer Person vereinigt.

Auf Drängen seines Lieferanten Otto Herzog in Dornach, der für ein Guthaben von 600 ℳ Bezahlung oder Sicherheit verlangte, errichtete Gruber diesem eine Hypothek zu 800 ℳ, die am 1. Juli 1912 im Grundbuch eingetragen wurde. Der Hypothekenbrief wurde dem Gläubiger am 10. Juli 1912 vereinbarungsgemäß vom Grundbuchamt ausgehändigt. Dafür erhielt Gruber Quittung über 600 ℳ, die er dem Herzog für gelieferte Waren schuldete, und ein am 1. August 1912 fälliges Akzept des Spediteurs Holz über 200 ℳ, das Holz am Fälligkeitstermin nicht einlöste, weshalb es Gruber auf Verlangen an Herzog zurückgab.

Herzog trat am 1. Oktober 1912 in schriftlicher, nicht öffentlich beglaubigter Form seine Hypothek gegen Zahlung von 800 ℳ an den Privatier Johann Bauer in Burgberg ab, dem die Beziehungen zwischen Gruber und Herzog unbekannt waren. Dabei versprach Herzog, den Hypothekenbrief, den er gerade nicht auffand, nächster Tage dem Bauer zuzuschicken und bis dahin selbst zu verwahren.

Bauer, schwer erkrankt, ließ am 6. Oktober 1912 seinen Freund Becker, den alleinigen, vertretungsberechtigten Vorstand des wohltätige Zwecke verfolgenden Martinsbundes, e. V., rufen und trat die erwähnte Hypothek mit schriftlicher Erklärung vom gleichen Tage zugleich mit dem Anspruch gegen Herzog auf Herausgabe des Hypothekenbriefes schenkungsweise an den Martinsbund ab. Am 8. Oktober 1912 starb Bauer; er hinterließ seinen Vetter Andreas Bauer als einzigen Erben. Ludwig Fischer, ein Bruder der Frau des Herzog, der in die Beziehungen zwischen Herzog und Bauer eingeweiht war, hatte seinem Schwager Herzog ein Darlehen zu 500 ℳ gegeben, das er sicherzustellen suchte. Schon am 16. September 1912 hatte er sich von Frau Herzog ohne Wissen ihres Mannes den Hypothekenbrief aushändigen lassen. Als ihm das Ableben des Johann Bauer bekannt wurde, glaubte er, daß von der Abtretung der Hypothek des Herzog an Bauer niemand wisse, und ließ sich von Herzog mit schriftlicher Erklärung vom 20. Oktober 1912 auch die Hypothek zu 800 ℳ abtreten, da er, wie er zu Herzog sagte, den Hypothekenbrief schon besitze.

Im März 1913 trat Fischer die Hypothek in schriftlicher Form an den Kaufmann Heinrich Knoll ab, dem er 800 ℳ schuldete. Knoll beauftragte seinen bei Fischer als Lehrling beschäftigten Sohn Joseph, den Fischer um Aushändigung des Hypothekenbriefes zu ersuchen. Joseph Knoll nahm den Hypothekenbrief eigenmächtig vom Schreibtische des Fischer hinweg, ohne diesen zu verständigen, und brachte ihn seinem Vater, der glaubte, daß dies im Auftrage des Fischer geschehe.

Mit notarieller Urkunde vom 1. April 1913 verkaufte Gruber sein Anwesen um 25000 ℳ an den Händler Peter Höck. Dieser übernahm unter ausdrücklicher Zustimmung der mitanwesenden Ehefrau des Gruber die sämtlichen Hypotheken auf dem Anwesen in Anrechnung auf den Kaufpreis, bestellte dem Gruber für einen Kaufpreisteil zu 2000 ℳ an dem Anwesen Hypothek ohne Brief und zahlte den Rest bar an den Verkäufer aus. Mit der Auflassung wurde am 2. April 1913 auch die Kaufpreishypothek in das Grundbuch eingetragen.

Da Höck die am 1. Juli 1913 fällige Teilzahlung von 1000 ℳ an die Distriktssparkasse Felden nicht leistete, erwirkte diese am 1. September 1913 die Beschlagnahme des Anwesens zum Zwecke der Zwangsversteigerung; gleichzeitig mit der Eintragung des Zwangsversteigerungsvermerks wurde am 3. September 1913 die Abtretung der Kaufpreishypothek des Gruber zu 2000 ℳ an Frau Hofmann in Felden eingetragen. In Furcht, bei der Durchführung des Verfahrens zu Schaden zu kommen, zahlte Frau Hofmann am 20. September 1913 an die Distriktssparkasse den fälligen Teilbetrag von 1000 ℳ nebst Zinsen und Kosten. Die Sparkasse erteilte am gleichen Tage in notariell beglaubigter Form Quittung und bewilligte die Löschung von 1000 ℳ und die Berichtigung des Grundbuchs. Auf Antrag der Frau Hofmann trug das Grundbuchamt am 1. Oktober 1913 ein, daß an der ersten Hypothek der Distriktssparkasse Felden zu 12 000 ℳ der Teilbetrag von 1000 ℳ im Range nach dem Restkapital auf Frau Hofmann übergegangen sei.

Auf Antrag der Distriktssparkasse vom 1. November 1914 wurde wegen der am 1. Juli 1914 fälligen zweiten Rate zu 1000 ℳ abermals die Zwangsversteigerung angeordnet. Das Anwesen wurde versteigert.

Im Verteilungsverfahren werden folgende Ansprüche geltend gemacht:

Die Distriktssparkasse Felden beansprucht wegen ihrer Resthypothek zu 11 000 ℳ Befriedigung an erster Stelle und wegen ihrer Hypothek zu 3000 ℳ Befriedigung in unmittelbarem Anschlusse daran, indem sie die Eintragung zugunsten der Frau Hofmann vom 1. Oktober 1913 als unwirksam bezeichnet.

Andreas Bauer, der Martinsbund, Ludwig Fischer und Knoll beanspruchen je Befriedigung als Gläubiger der Briefhypothek an der dieser zukommenden Rangstelle.

Frau Hofmann beansprucht Befriedigung vor der Hypothek der Distriktssparkasse Felden zu 3000 ℳ und behauptet, daß die bestellte Briefhypothek zu 800 ℳ erloschen sei, da Herzog durch die Zahlung des Johann Bauer befriedigt, letzterer aber nicht Hypothekengläubiger geworden sei.

Höck nimmt eine Eigentümergrundschuld von 1000 ℳ in der ersten Rangstelle in Anspruch. Auch bestritt er, daß eine Hypothek zugunsten der Anna Gruber rechtlich entstanden sei, da es sich um eine Schenkung zwischen Ehegatten, jedenfalls um ein nichtiges Schenkungsversprechen handle, und beansprucht diese Hypothek für sich.

In welcher Reihenfolge und mit welchem Betrage ist nach materiellem Rechte auf Grund der bestehenden tatsächlichen Lage jede der in Betracht kommenden Personen berechtigt, aus dem Versteigerungserlöse Befriedigung zu finden? Zinsen und Kosten bleiben außer Betracht.

3. Aufgabe.

(Aufgabe mit fünfstündiger Arbeitsfrist.)

Am 6. November 1913 traf im Gasthaus in Bergling der Bauer Fritz Gerst von Solching, in dessen Begleitung sich seine Schwägerin Katharina Müller und sein neunjähriger Neffe Johann Müller befanden, mit dem Bauern Michael Zwilch von Obernberg zusammen. Dieser erwähnte im Gespräch, daß ihm das Pferd, mit dem Gerst vor der Wirtschaft vorgefahren war, gut gefalle, und äußerte, daß er ein solch leichtes Roß auch brauchen könne, weil seine Frau nicht mehr recht gut bei Fuß sei. Gerst erwiderte, daß er sein Pferd schon hergebe, wenn es ihm gut bezahlt werde. Es sei für den Zweck des Zwilch gut geeignet, weil es ein leichtes und geschwindes Chaisenpferd sei; er habe es fast nur zu Fahrten in die Stadt benützt und es auch als Trabrennpferd verwendet; in der Landwirtschaft sei mit ihm nichts anzufangen, weil es zu leicht und zu unruhig sei, nur ganz selten habe er leere leichte Wägen mit ihm vom Felde geholt. Die Beiden begaben sich miteinander in den Stall, wo Zwilch das Pferd eingehend besichtigte. In das Gastzimmer zurückgekehrt, wurden sie über einen Kaufpreis von 1200 ℳ einig. Zwilch übergab dem Gerst ein Sparkassebuch mit dem Beifügen, daß es aus dem Nachlaß eines vor kurzem verstorbenen Vetters stamme; er gebe es ihm, damit er sehe, daß er einen richtigen Käufer habe. Das Buch lautete auf den Namen des Verstorbenen und wies eine Einlage von 1489 ℳ aus; es enthielt einen Auszug aus den Satzungen der Sparkasse, wonach diese berechtigt ist, die Einlage jedem Inhaber des Buches auszubezahlen, ohne dessen Empfangsberechtigung zu prüfen. Gerst steckte es ein und sagte zu Zwilch, er könne das Pferd sofort mit nach Hause nehmen, womit sich dieser einverstanden erklärte. Einige Minuten später äußerte Gerst, es falle ihm gerade ein, daß er seinen Wagen zu einem Schmied in Bergling verbringen könne, Zwilch werde nichts dagegen haben, wenn er das Pferd hiezu benütze. Dieser erwiderte, daß er nichts dagegen zu erinnern habe; er beabsichtige ohnehin erst in einer Stunde den Heimweg anzutreten.

Gerst begab sich nun mit seiner Schwägerin Katharina Müller und seinem Neffen Johann Müller in den Hof und holte das Pferd aus dem Stalle, um es anzuschirren. Plötzlich schlug es aus und traf den Johann Müller auf den Rücken. Seine plötzliche Unruhe kam daher, daß in der Nachbarschaft das Geräusch einer Dampfmaschine hörbar geworden war. Das scheu gewordene Pferd rannte dem Hofausgange zu und warf dabei die Katharina Müller um. Dem Gerst gelang es das Pferd wieder einzufangen. Der auf den Lärm herbeigekommene Zwilch erklärte dem Gerst, daß er von dem Pferd nichts mehr wissen wolle. Gerst erwiderte, ihn gehe das Pferd nichts mehr an. Zwilch nahm es bei seinem Weggang mit nach Hause, nachdem sich Gerst mit seinen Angehörigen unter Benützung eines von dem Wirt entliehenen Pferdes mit seinem Wagen entfernt hatte. Johann Müller hatte eine Verletzung am Rücken erlitten, die sein Gehvermögen längere Zeit beeinträchtigte, Frau Müller sich den rechten Arm ausgefallen.

Heinrich Müller erhob nun als gesetzlicher Vertreter seines Sohnes Johann Müller in dessen Namen und zugleich im eigenen Namen mit Zustimmung seiner im gesetzlichen Güterstande lebenden Frau Katharina Müller am 30. Mai 1914 durch einen Rechtsanwalt Klage gegen Fritz Gerst und Michael Zwilch. Er beantragte

1. die Beklagten gesamtverbindlich zu verurteilen
   a) an ihn für Johann Müller 287 ℳ Heilungskosten, 3000 ℳ Schmerzensgeld und eine jährliche Rente von 800 ℳ vom Tage des Unfalles bis zur Wiederherstellung des Johann Müller,
   b) an ihn für seine Frau Katharina Müller 97 ℳ Heilungskosten, 500 ℳ Schmerzensgeld und 200 ℳ Verdienstentgang zu zahlen und
2. festzustellen, daß die Beklagten gesamtverbindlich verpflichtet seien, die der Katharina und dem Johann Müller allenfalls noch erwachsenden Heilungskosten zu erstatten.

Zur Begründung der Klage nahm Heinrich Müller auf den oben angegebenen nicht bestrittenen Sachverhalt Bezug, legte dar, daß die Beklagten als gemeinschaftliche Tierhalter in dem beantragten Umfange gesamtverbindlich schadenersatzpflichtig seien, und fügte noch bei, daß nach ärztlichem Gutachten die Verletzten möglicherweise auch in Zukunft noch ärztliche Hilfe in Anspruch nehmen müßten. Frau Müller sei 40 Tage lang behindert gewesen, ihre Arbeit im Haus und in der Landwirtschaft zu verrichten; die Beklagten hafteten ihr auch für diesen Schaden. Der Kläger beantragte die Verhandlung und Entscheidung auf den Grund des Anspruchs zu beschränken.

Unter Zustimmung zu dem letzteren Antrage beantragten die Beklagten, die Klage abzuweisen. Zwilch erklärte, er habe als Verleiher nur Vorsatz und grobe Fahrlässigkeit zu vertreten; als Tierhalter komme er nicht in Betracht, da bei dem Unfall Gerst selber noch Halter des Pferdes gewesen sei. Gerst bestritt dies; die Tierhaltereigenschaft des Zwilch könne keinem Zweifel unterliegen;

es wäre dem Zwilch wohl nicht eingefallen, das Sparkassebuch vor der Übergabe des Pferdes als Zahlung hinzugeben. Zwilch entgegnete, daß er das Sparkassebuch keineswegs an Zahlungs Statt hingegeben habe. Im übrigen bezweifelten beide Beklagte, ob Müller befugt sei, die Ansprüche seiner Frau im eigenen Namen geltend zu machen. Der Unfall sei nur durch das Geräusch der Dreschmaschine verursacht worden, das auf das Pferd offenbar in einer Weise eingewirkt habe, daß es nicht habe widerstehen können. Daß Heilungskosten und eine Schädigung infolge Minderung des Erwerbs erwachsen seien, wollten die Beklagten nicht bestreiten, wohl aber müßten sie hinsichtlich der Höhe und der Dauer der Ansprüche dies tun.

Wie hat sich das Gericht den Ansprüchen und Anträgen gegenüber zu verhalten? Bei der Bearbeitung sind die gesetzlichen Vorschriften anzuführen.

---

4. Aufgabe.

(Aufgabe mit fünfstündiger Arbeitsfrist.)

Adam Pech betrieb im Jahre 1912 in einem kleinen Ladengeschäft zu Fürth die Schuhmacherei mit zwei Gehilfen und den Verkauf der Schuhwaren, die er selbst herstellte. Sein Bruder Johann Pech betrieb zu Fürth in eigener Werkstätte und auf eigene Rechnung die Flickschusterei.

Am 23. Dezember 1912 vereinbarten die Brüder Pech schriftlich, ihre Geschäfte vom 1. Januar 1913 an zu vereinigen, den Geschäftsbetrieb unter der Firma A. Pech & Co. in dem Laden des Adam Pech in der bisherigen Weise auf gemeinschaftliche Rechnung unter Einwerfung der geringen Geschäftsaktiven fortzuführen und die gegenseitige Haftung für die seitherigen Geschäftsschulden auszuschließen. Schon damals nahmen sie in Aussicht, das Geschäft nach Ablauf einiger Jahre durch Hinzunahme des Schuhhandels bedeutend zu vergrößern. Auf ihre gemeinschaftliche Anmeldung erfolgte am 31. Dezember 1912 die

Eintragung der Gesellschaftserrichtung, der Gesellschafter und der Firma im Handelsregister und deren Bekanntmachung. Die Vereinbarung wegen des Ausschlusses der Haftung für die Geschäftsschulden wurde nicht in das Handelsregister eingetragen. Am 31. Dezember 1913 wurde auf Anzeige eines Konkurrenten die Eintragung im Handelsregister von Amts wegen als unzulässig gelöscht und auch dies bekannt gemacht. Nunmehr — und zwar noch im Januar 1914 — wandten sich die Brüder Pech mit Hilfe eines Bankkredits dem Schuhhandel in großem Umfange zu; von Fabriken bezogen sie Lederzuschnitte und fertige Schuhe, mieteten größere Geschäftsräume und setzten darin die Schuhe, die sie fertig bezogen oder aus den Lederzuschnitten herstellen ließen, an ihre Kunden ab. Mit Schuhreparaturen gaben sie sich nicht mehr ab. Die Anmeldung des nunmehr ganz kaufmännisch ausgestalteten Geschäftsbetriebes zum Handelsregister wurde von den Brüdern Pech unterlassen. Im Geschäftsverkehr legten sie sich nach wie vor die Firma A. Pech & Co. bei.

I.

Am 20. September 1912 kaufte Adam Pech von der Firma S. Ledermann, Lederhandlung in Frankfurt a. M., 100 Paar Prima Kalblederschäfte zu dem Preise von 550 M. Das Geschäft wurde mit dem Vertreter dieser Firma, Kaspar Laufer, abgeschlossen, der von Würzburg, seinem Geschäftssitze, aus für mehrere Firmen gegen Provision reiste und damals den Adam Pech — wie schon öfter — in Fürth aufsuchte. Die Ware und die Rechnung trafen am 5. Oktober 1912 bei Adam Pech ein. Am 6. Oktober 1912 teilte Adam Pech dem Laufer, der sich gerade in Nürnberg auf einer Geschäftsreise befand, telephonisch mit, die Kalblederschäfte seien schlecht gegerbt und teilweise rissig, das sei keine Prima-Ware, zudem fehle ein Paar Schäfte, er stelle die Sendung, die sich Laufer selbst ansehen möge, zur Verfügung. Laufer kam am 19. Oktober 1912 nach Fürth zu Pech und erklärte nach Besichtigung der Ware, er müsse zugeben, daß das keine Prima-

Schäfte seien, seine Firma werde im Interesse der Erhaltung der Kundschaft andere Ware liefern. Hiervon setzte er am 20. Oktober 1912 bei seiner persönlichen Anwesenheit in Frankfurt a. M. die Firma S. Ledermann in Kenntnis; diese teilte jedoch dem Adam Pech sofort mit, daß sie mit den Erklärungen ihres Vertreters nicht einverstanden sei und auf Zahlung des vereinbarten Preises bestehe.

Am 10. Februar 1913 erhob die Firma S. Ledermann Klage gegen 1. Adam Pech, 2. die Firma A. Pech & Co., 3. Johann Pech auf Zahlung von 550 ℳ für käuflich gelieferte 100 Paar Prima Kalblederschäfte, wobei sie die Haftung der Firma A. Pech & Co. auf die Übernahme des Geschäftes des Adam Pech und die Haftung des Johann Pech auf seine Eigenschaft als offener Handelsgesellschafter stützte. Die Beklagten verlangten die Abweisung der Klage; sie wendeten ein, der Kaufsache mangele die zugesicherte Eigenschaft der Prima-Qualität, eine Mängelrüge sei nach der Rechtslage nicht zu erstatten gewesen, zu aller Vorsicht sei indes der Mangel dem Vertreter der Firma S. Ledermann rechtzeitig angezeigt, von diesem anerkannt und die Lieferung mangelfreier Ware versprochen worden. Hierauf werde der Anspruch auf Wandelung des Kaufvertrages gestützt; werde dieser Einwand wider Erwarten nicht anerkannt, so seien die Beklagten jedenfalls wegen der Minderlieferung zu einem Abzug von 5 ℳ 50 ₰ am Kaufpreise berechtigt. Die beklagte Firma A. Pech & Co. sei, wie sich schon aus der Art des Geschäftsbetriebs ergebe, gar keine offene Handelsgesellschaft und deshalb nicht parteifähig; damit entfalle auch die Haftung des Beklagten Johann Pech. Im übrigen sei die Haftung für die früheren Geschäftsschulden ausdrücklich ausgeschlossen worden.

Klägerin erklärte, die behaupteten Mängel der Qualität und Menge wolle sie nicht bestreiten; die Anzeige hiervon sei ihr aber zu spät erstattet worden; die Erstattung der Anzeige an ihren Vertreter Laufer und dessen Erklärungen seien für sie nicht wirksam.

II.

Der Firma E. Horn, Lederhandlung in Nürnberg, stand eine Forderung von 500 ℳ gegen die Firma A. Pech & Co. für im Jahre 1913 gelieferte Waren zu.

Am 1. Juli 1913 ersuchte der Firmeninhaber Horn den Adam Pech ihm ein Wechselakzept über 800 ℳ zu geben, wovon 500 ℳ als Gegenwert für obige Schuld, 300 ℳ als Gefälligkeit gelten sollten. Adam Pech schrieb auf die Rückseite eines leeren Wechselformulars oben quer aus Versehen die Firmenbezeichnung „A. Pech & Co.", sodann den gleichen Firmennamen auf die Vorderseite richtig als Akzept. Horn füllte später den Wechsel unter Einsetzung der Firma A. Pech & Co. als Bezogene und des Verfalltages vom 1. September 1913 vollständig aus, unterschrieb als Aussteller, stellte den Wechsel an eigene Ordre und setzte die Wechselsumme von 1000 ℳ ein.

Mittelst Blankoindossaments, das er unter den auf der Rückseite befindlichen Namen „A. Pech & Co." setzte, begab er den Wechsel an die Kreditbank Nürnberg, die bei Verfall mangels Zahlung ordnungsmäßig Protest erheben ließ. Die Firma E. Horn löste im Regreßwege den Wechsel gegen Zahlung der Wechselsumme, der Protestkosten und $^1/_3$ % Provision ein und erhob am 10. Oktober 1913 Klage gegen die Firma A. Pech & Co. im ordentlichen Prozeß auf Zahlung der Wechselsumme von 1000 ℳ nebst 6% Zinsen vom 1. September 1913, der Protestkosten und $^1/_3$ % Provision.

Die Beklagte beantragte Abweisung der Klage und wendete ein, die Klägerin sei wechselmäßig nicht legitimiert, das Akzept sei im übrigen wegen unrichtiger Ausfüllung ungültig, wegen des Betrages von 300 ℳ werde für alle Fälle der Einwand der Gefälligkeit erhoben.

III.

Am 5. April 1914 fand Johann Pech auf dem gemeinsamen Büroschreibtische ein Wechselformular, welches Adam Pech mit dem Blankoakzept „Adam Pech" und mit der Firmenbezeichnung „A. Pech & Co." als Ausstellerin versehen hatte. Aus einem Begleitbrief ergab sich, daß das Wechselblankett zur Absendung an E. Horn bestimmt war. Johann Pech füllte es ohne Wissen seines Bruders aus, setzte den 1. Juni 1914 als Verfalltag, die Wechselsumme von 700 ℳ, die Adresse eines Geschäftsfreundes A. Müller als Remittenten in Nürnberg ein, fälschte dessen Unterschrift als erstes Blankoindossament, setzte darunter sein eigenes Blankoindossament „Johann Pech" und diskontierte den Wechsel bei der Volksbank Fürth. Den Diskontbetrag verwendete er zu Privatzwecken.

Die Volksbank Fürth ließ den Wechsel bei Verfall mangels Zahlung ordnungsmäßig protestieren und klagte die Wechselsumme im ordentlichen Verfahren am 10. Juni 1914 gegen 1. Adam Pech, 2. die Firma A. Pech & Co. ein. Die Beklagten beantragten Klagabweisung. Sie wiesen darauf hin, daß der Firma A. Pech & Co., da sie gelöscht sei, die Parteifähigkeit fehle; von einer Wechselverpflichtung könne im übrigen keine Rede sein, da der Wechsel von Johann Pech entwendet und gefälscht worden und kein Begebungsvertrag zustande gekommen sei.

Klägerin berief sich demgegenüber auf ihren guten Glauben.

Wie ist in den Fällen I—III zu entscheiden? Die Entscheidungen sind kurz zu begründen. Der Kostenpunkt bleibt außer Betracht.

Die oben dargestellten Tatsachen gelten als vorgetragen, die dem Sachvortrag entsprechenden Prozeßanträge als gestellt, das tatsächliche Parteivorbringen — soweit nicht anders angegeben — als zugestanden, die Urteilssprüche als im gleichen Jahre wie die Klageerhebungen erlassen, im letzten Fall vor Ausbruch des Weltkrieges.

---

5. Aufgabe.

(Aufgabe mit fünfstündiger Arbeitsfrist.)

Der Bauer Adam Bauer und seine Frau Magdalena heirateten am 25. Mai 1907. Durch notariellen Ehevertrag vom 10. März 1907 hatten sie Errungenschaftsgemeinschaft vereinbart. In die Ehe brachte Adam Bauer einen schuldenfreien Hof im Werte von 100000 ℳ, Magdalena Bauer 20000 ℳ bar. Während der Ehe erwarb Adam Bauer eine Wiese um 10000 ℳ, der Kaufpreis wurde in 4 Jahresraten bezahlt.

Adam Bauer, der bei Ausbruch des Krieges zu den Fahnen einberufen worden war, wurde am 2. Februar 1918 für tot erklärt. Als sein Todestag wurde der 31. Dezember 1915 festgesetzt.

An diesem Tage bestand das gesamte beiderseitige Vermögen des Adam und der Magdalena Bauer aus dem erwähnten Hofe, der Wiese, 20000 ℳ 4% Pfandbriefen und 10000 ℳ 5% Kriegsanleihe. Das vorhandene Bargeld reichte eben aus, um die laufenden Betriebsausgaben zu decken. Sonstige Schulden waren nicht vorhanden. Eine Verfügung von Todeswegen hatte Adam Bauer nicht hinterlassen.

Magdalena Bauer setzte mit den beiden aus der Ehe mit Adam Bauer stammenden Kindern Josef und Christine die Bewirtschaftung des Hofes fort. Eine Auseinandersetzung des Nachlasses des Adam Bauer fand nicht statt.

Die Auseinandersetzung unterblieb mit Genehmigung des Vormundschaftsgerichts auch, als Magdalena Bauer am 19. März 1918 zur zweiten Ehe mit dem Bauern Heinrich Ösch schritt. Mit diesem vereinbarte sie durch notariellen Vertrag vom Tage vorher allgemeine Gütergemeinschaft. Heinrich Ösch brachte 50000 ℳ bar in die Ehe ein.

Am 13. August 1918 gebar Magdalena Ösch ein Mädchen Anna. Am 15. August 1918 starb Magdalena Ösch, ohne eine Verfügung von Todes wegen zu hinterlassen.

Nun stellte sich heraus, daß Adam Bauer zu Unrecht für tot erklärt worden war. Seine Kameraden hatten geglaubt, er sei gefallen, in Wahrheit war er in feindliche Gefangenschaft geraten und in dieser am 30. Oktober 1918 gestorben.

Nach dem Tode der Magdalena Ösch drängte das Vormundschaftsgericht auf Auseinandersetzung. Es bestellte für jedes der Kinder Josef und Christine Bauer einen Vormund und für Anna Ösch einen Pfleger.

Heinrich Ösch verheiratete sich am 1. Dezember 1918 wieder.

Nun fand am 3. Dezember 1918 die mit Genehmigung des Vormundschaftsgerichts bis dahin verschobene Auseinandersetzung sowohl des Nachlasses des Adam Bauer als auch seiner Frau Magdalena und die Auseinandersetzung des Heinrich Ösch mit seiner Tochter Anna und seinen Stiefkindern Josef und Christine Bauer statt.

Bei den Auseinandersetzungsverhandlungen wurde obiger Sachverhalt festgestellt. Zugleich wurde festgestellt, daß zur Teilungsmasse noch ein Anteil an der bisher noch nicht verteilten Erbschaft des väterlichen Großvaters der Kinder Josef und Christine Bauer, des Privatiers Sebastian Bauer gehört. Dieser war am 6. September 1917 gestorben. Er hinterließ abgesehen von seinem Sohne Adam und seiner Witwe Therese noch einen Sohn Anton und zwei Töchter Sofie und Marie. Sein Nachlaß betrug 80000 ℳ. In seinem Testamente hatte er nur bestimmt, daß seine Tochter Sofie, weil sie sehr reich verheiratet sei, lediglich ihren Pflichtteil erhalten solle. Sofie hatte, als sie sich verheiratete, eine Aussteuer im Werte von 20000 ℳ erhalten.

Ferner wurden die 20000 ℳ Pfandbriefe und die 10000 ℳ Kriegsanleihe versilbert und hiefür 30000 ℳ erlöst.

Die 50000 ℳ Eheeinbringen des Heinrich Ösch sind noch bar vorhanden.

Der Hof und die Wiese wurden von Josef Bauer um 110000 ℳ übernommen und diese Summe zur Teilungsmasse bar einbezahlt.

Schulden sind nicht vorhanden.

Wie ist zu teilen? Was erhalten Josef und Christine Bauer, Heinrich und Anna Ösch?

Die Antworten sind unter Anführung der gesetzlichen Vorschriften kurz zu begründen.

6. Aufgabe.

(Aufgabe mit fünfstündiger Arbeitsfrist.)

Der verheiratete Privatmann Albert Schwarz in Felden fand Gefallen an der am 2. Januar 1902 geborenen Berta Blau, einem körperlich weit über seine Jahre entwickelten und noch unbescholtenen Mädchen. Er beschloß, mit ihr in Geschlechtsverkehr zu treten, und bewog am 30. Dezember 1915 durch ein Geldgeschenk ihre Stiefmutter, die verwitwete Versetzerin Kreszenz Blau in Felden, bei der das Mädchen wohnte, ihm zu diesem Zwecke Beistand zu leisten. Schwarz und Kreszenz Blau kannten das genaue Alter der Berta Blau. Wie Schwarz der Kreszenz Blau vorgeschlagen hatte, setzte diese am Sylvesterabend 1915 ihrer Stieftochter ohne deren Kenntnis stärkeren Punsch wie in früheren Jahren vor und redete ihr eifrig zum Trinken zu. Gegen 9 Uhr kam Schwarz in die Wohnung der Kreszenz Blau. Er wurde von ihr zum Mittrinken eingeladen und folgte der Einladung. Kreszenz Blau verließ alsbald, wie sie mit Schwarz ausgemacht hatte, das Zimmer. Nach dem Weggange der Kreszenz Blau setzten Schwarz und Berta Blau die Unterhaltung und das Trinken fort. Unter der Wirkung des ungewohnten starken Getränkes schwand der Berta Blau das Bewußtsein. Schwarz, der die anscheinend nur stark angeheiterte Berta Blau unter der Kleidung an der bloßen Brust betastet und dabei ihren bewußtlosen Zustand wahrgenommen hatte, nützte die Gelegenheit aus, gebrauchte die Berta Blau geschlechtlich und entfernte sich darauf aus der Wohnung. Er verständigte, ehe er wegging, die Kreszenz Blau von dem, was vorgefallen war. Durch das Versprechen, ihr in Zukunft den Mietzins zu zahlen, erreichte er von ihr, daß sie ihm ihre Wohnung zu weiteren Zusammenkünften mit ihrer Stieftochter zur

Verfügung stellte, um bei Berta Blau durchzusetzen, daß sie ihm den Beischlaf gestatte. Der Familienstand des Schwarz war der Kreszenz und der Berta Blau bekannt.

Am nächsten Tage suchte Schwarz die Berta Blau in ihrer Wohnung auf und gab ihr einen goldenen Ring zum Geschenke. Durch dies Geschenk und durch Schmeicheleien ließ sich Berta Blau bestimmen, sich dem Schwarz an diesem Tage geschlechtlich hinzugeben. Berta Blau hatte damals noch keine richtige Vorstellung von der Bedeutung der Handlung des Schwarz. Erst nachdem Schwarz sich entfernt hatte, klärte sie ihre Stiefmutter darüber auf.

Am 8. Januar 1916 kam Schwarz wiederholt zu Berta Blau in die Wohnung, um sie geschlechtlich zu gebrauchen. Berta Blau wollte sich auf nichts einlassen und hielt dem Schwarz vor, daß er sie in Schande gebracht habe. Schwarz beschwichtigte sie und spiegelte ihr vor, er werde sich von seiner Frau scheiden lassen, dann sie heiraten und so wieder zu Ehren bringen. Durch dieses Versprechen kam er zu seinem Ziele.

In der folgenden Zeit hatten Schwarz und Berta Blau mehrmals in der Wohnung der Kreszenz Blau Geschlechtsverkehr. In allen diesen Fällen wie auch schon vorher am 1. und 8. Januar 1916 ließ Kreszenz Blau den Schwarz in die Wohnung ein.

Im Frühjahre 1916 blieb die Regel der Berta Blau aus, auch stellten sich Magenbeschwerden ein. Schwarz schloß daraus, daß Berta Blau von ihm schwanger sei, was auch tatsächlich der Fall war. Berta Blau selbst hielt sich für magenkrank. Schwarz verständigte sie nicht von seiner Befürchtung. Er suchte am 3. Mai 1916 die Hebamme Lina Grün in Felden auf, die, wie er gehört hatte, sich mit Abtreibungen befaßte, und schilderte ihr den Sachverhalt. Grün hatte die Hebammenprüfung bestanden und stand Frauen, die ihre Dienste beanspruchten, bei Geburten bei; in der Hauptsache machte sie jedoch unter dem Deckmantel einer Hebamme aus dem Abtreiben der Leibesfrucht ein Gewerbe. Schwarz verlangte von ihr ein Abtreibungsmittel, das er der Berta Blau, ohne ihren

Verdacht zu erregen, beibringen könne; er erbot sich dafür zu zahlen, was sie fordere. Grün erwiderte, daß sie ihm ein solches Mittel abgeben könne, das 50 ℳ koste und fast in allen Fällen helfe; ein ganz zuverlässiges Mittel komme höher, auf 500 bis 800 ℳ, zu stehen. Schwarz wählte das billigere Mittel und erhielt von Grün gegen Zahlung von 50 ℳ drei Pulver mit der Weisung, davon täglich eines seiner Geliebten in Oblaten einzugeben. Die Pulver hatte die Grün aus Zucker und einem unschädlichen Bitterstoffe zubereitet; sie kamen ihr auf eine Mark zu stehen und waren, wie sie wußte, ohne jeden Einfluß auf eine Schwangerschaft. Schwarz überbrachte die Pulver am 4. Mai 1916 der Berta Blau, gab sie für ein gutes Mittel gegen Verdauungsstörungen aus, und veranlaßte die Berta Blau, am 5., 6. und 7. Mai 1916 je ein Pulver zu nehmen. Die Pulver blieben ohne jede Wirkung.

Schwarz bemerkte alsbald, daß die Schwangerschaft fortschritt. Auch Berta Blau erkannte jetzt ihren Zustand. Schwarz versprach am 12. Juli 1916 der Lina Grün, er werde ihr 600 ℳ zahlen, wenn sie die Frucht abtreibe. Lina Grün erklärte sich bereit, gegen die zugesagte Summe am kommenden 15. Juli die Frucht durch einen Einstich in die Eihaut zu töten. Sie forderte den Schwarz auf, der Berta Blau zuzureden, daß sie sich den Eingriff machen lasse. Schwarz, dessen Ehe vor einigen Wochen auf Klage seiner Frau wegen Ehebruchs mit Berta Blau rechtskräftig geschieden war, redete am 12. Juli 1916 nach dem Gespräche mit Lina Grün der Berta Blau zu, sich die Frucht von der in diesen Dingen sehr geschickten Lina Grün abtreiben zu lassen. Er gab ihr dabei vor, daß er sie noch in diesem Jahre ehelichen werde, und fügte bei, daß er mit Rücksicht auf seine Verwandten und auf seinen Ruf unmöglich ein Mädchen mit einem Kinde heiraten könne. Von der Art, wie die Frucht zum Abgange gebracht werden sollte, verständigte er sie nicht. Erst nach langem Besinnen willigte Berta Blau ein. Ihre Stiefmutter wurde am 13. Juli 1916 von Schwarz durch ein größeres Geldgeschenk bestimmt, zu gestatten, daß der beabsichtigte Eingriff in ihrer Wohnung stattfinde. Bei den Unterredungen teilte er den beiden Blau mit, daß er der Lina Grün für ihre Tätigkeit eine Entlohnung von 600 ℳ zugesagt habe.

Am 15. Juli 1916 begab sich Lina Grün, der Schwarz am Tage zuvor die versprochene Summe gezahlt hatte, zur bestimmten Stunde in die Wohnung der Kreszenz Blau. Dort wurde sie von Schwarz, Berta und Kreszenz Blau erwartet. Sie erklärte der Berta Blau, die Angst vor dem Kommenden hatte, in Gegenwart ihres Liebhabers und ihrer Stiefmutter, daß sie ihr mittels eines Werkzeugs, das sie ihr nicht zeigte, den Einlauf einer Flüssigkeit machen werde, die das Absterben und den Abgang der Frucht herbeiführen werde; obwohl sie sich der Gefährlichkeit des beabsichtigten Eingriffs für Leben und Gesundheit der Berta Blau bewußt war, versicherte sie der Berta Blau, daß die Sache für sie ohne jede Gefahr sei. Durch diese Versicherung beruhigt gestattete Berta Blau der Grün das Einführen des Werkzeugs, nachdem sie in einem Bette die ihr von Grün vorgeschriebene Lage eingenommen hatte. Das Vorhaben der Grün gelang. Sie fügte jedoch, da sie unvorsichtig zu Werke ging und aus Versehen den ersten Stich an unrichtiger Stelle anbrachte, der Berta Blau eine Verletzung zu. Die Handlungen der Lina Grün hatten am 16. Juli 1916 den Tod von Mutter und Frucht zur Folge. Durch die Leichenöffnung wurde festgestellt, daß der Tod der Frucht vor dem Tode der Berta Blau erfolgte.

Wie sind die Handlungen des Albert Schwarz, der Berta Blau, der Kreszenz Blau und der Lina Grün strafrechtlich zu beurteilen? Dabei ist anzunehmen, daß Berta Blau die zur Erkenntnis der Strafbarkeit ihrer Handlungen erforderliche Einsicht besessen hat und daß die zur Verfolgung einzelner Straftaten etwa erforderlichen Strafanträge von dem Vormunde der Berta Blau, dem Bäcker Georg Gelb in Felden, und von der geschiedenen Frau des Schwarz rechtswirksam gestellt sind. Die Antworten sind unter Angabe der gesetzlichen Bestimmungen kurz zu begründen.

---

7. Aufgabe.

(Aufgabe mit fünfstündiger Arbeitsfrist.)

I.

Der in guten Vermögensverhältnissen lebende verheiratete und kinderlose Franz Dieter unternahm Ende April 1919 einen Hamster-Tagesausflug nach dem nahen Schweinshausen. Er hatte sich von vornherein entschlossen, sich dort möglichst viele Nahrungsmittel zu verschaffen, nötigenfalls auch auf unrechtmäßige Weise.

1. Noch am frühen Vormittage kam er in die Nähe des Dorfes. Dort band er sich das Taschentuch um das linke Auge und begann zu hinken. So betrat er das Anwesen des Mühlbesitzers Stefan Staub. Im Hausgange traf er die Dienstmagd Anna Aengstlich, die allein zuhause war. Er jammerte ihr vor, er könne bei seinem Zustande nichts verdienen, sei Witwer mit sieben kleinen Kindern und infolge seiner Bedürftigkeit in der Hauptsache auf fremde Mildtätigkeit angewiesen. Er bat um einige Pfund Mehl mit dem Beifügen, ganz umsonst wolle er es nicht; er bezahle schon etwas dafür. Weil die Aengstlich, selbst ein armes Geschöpf, seinen Angaben Glauben schenkte und Mitleid mit ihm empfand, sowie hauptsächlich, weil es ihr bei dem verdächtigen Aussehen des Mannes nicht recht geheuer war und sie ihn bald wieder aus dem Hause haben wollte, holte sie aus den Vorräten ihres Herrn, obwohl ihr dieser — ein strenger und durchaus reeller Geschäftsmann — seit wenigen Tagen jede Abgabe von Mehl ausdrücklich untersagt hatte, einige Pfund Mehl; diese gab sie dem Dieter, ohne ihm von dem Verbote ihres Herrn etwas zu sagen, um die

Hälfte dessen, was sie hierfür sonst verlangen durfte. Den Erlös lieferte sie am Abend ihrem Dienstherrn ab.

2. Dieter setzte von der Mühle aus sogleich seinen Weg fort und begab sich unmittelbar darauf in das benachbarte Haus des Kleingütlers Joseph Schlingerl, der gerade einem tags zuvor gewilderten Hasen den Balg abzog. Dieter bat sofort um ein Stück von dem Hasen und bot dem Schlingerl als Entgelt zwei Päckchen Tabak an. Schlingerl erwiderte, er sei allerdings ein leidenschaftlicher Raucher und würde bei der gegenwärtigen Knappheit gerne einen kleinen Vorrat guten Tabaks sein Eigen nennen. Dieter versetzte, er sei gerade gestern zu den beiden Päckchen „echt holländischen Tabaks" gekommen; er habe ihn versucht und müsse als Raucher sagen, daß es gute und bei den heutigen Verhältnissen wertvolle Ware sei. Daß er die Päckchen gestohlen und ihren Inhalt bei einer Prüfung als Tabakersatz übelster Sorte erkannt hatte, behielt er für sich. Schlingerl wurde mit Dieter sogleich handelseinig und gab ihm gegen die beiden Päckchen einen halben Hasen.

3. Nachdem Dieter noch einige Zeit sich in gleichartiger Weise erfolglos um weitere Nahrungsmittel bemüht hatte, stand er von der Fortsetzung dieser Form seines Tuns und Treibens ab und entschloß sich, nunmehr Nahrungsmittel und wenn möglich dabei auch Geld zu stehlen.

Dazu schien ihm das vor dem Dorfe gelegene Anwesen des Sägewerksbesitzers Bruno Brettner geeignet. Der Hof hatte eine zwei Meter hohe steinerne Umfassungsmauer. An der Straßenseite befand sich der einzige Eingang, eine breite Toreinfahrt; die beiden Flügel des Tores waren ausgehoben und befanden sich zur Ausbesserung seit Monaten in der Dorfschmiede, wie Dieter dort am Vormittage schon zufällig erfahren hatte. Um sich zunächst über die örtliche Lage des Anwesens noch etwas näher zu unterrichten, ging er außen um die Mauer herum. Er hatte seinen Rundgang nahezu beendet, als er ziemlich am Fuße der Umfassungsmauer eine etwa 60 cm hohe und 50 cm breite Mauerlücke entdeckte. Statt durch das Tor einzutreten, wie er beabsichtigt hatte, schlüpfte er aus Übermut durch die Mauerlücke in das Anwesen, um sich umzusehen, wo er wohl etwas zum Stehlen finden werde. Innen bemerkte er sogleich einen Kaninchenstall, der ohne feste Verbindung mit dem Erdboden, etwa 80 cm hoch und 2 m breit, allseitig bedeckt und durch eine mit einem Handriegel versehene Türe verschlossen war. Den infolge des vielen Regens der letzten Tage stark verquollenen Riegel vermochte er trotz Anwendung aller Kraft nicht aus seiner Lage zu bringen. Erst mit Hilfe einer Zange, die er auf einem Fenstergesimse des nahen Hauptgebäudes fand, gelang es ihm, den Riegel zurückzuschieben, worauf er sich fünf große Kaninchen heraussuchte. Als er von der Straße her Schritte hörte, flüchtete er, um nicht an der Ausführung seiner Entwendung verhindert zu werden, mit den Kaninchen gegen einen im Hof erstellten Wohnhausneubau, der zwar noch nicht unter Dach, aber sonst im Rohbau völlig fertiggestellt war, schob gewaltsam die die Türöffnung verschließenden Bretter auseinander und zwängte sich in das Innere. Hier schlug er die Tiere tot und nahm sie in seinen Rucksack. Kurz nach der Mittagsstunde verließ er unbemerkt das Anwesen.

II.

1. Am frühen Nachmittage traf Dieter auf der Landstraße mit dem ihm seit langem bekannten Heinrich Zundel zusammen. Zundel hatte erkundet, daß die Bewohner des Einödbauernhofs auf dem Feld arbeiteten, und daher beschlossen, dort zu stehlen. Durch sein eindringliches Zureden ließ sich Dieter bestimmen, mit ihm zu gehen und ihm zu versprechen, sich an der Durchsuchung des Hauses und der Wegschaffung allenfallsiger Beute zu beteiligen. Als aber beide über die Hofmauer des Anwesens gestiegen waren und Zundel eben die verschlossene Haustüre des Wohngebäudes mit einem Stemmeisen erbrach, entfernte sich Dieter aus Furcht vor Entdeckung mit dem Bemerken: „Arbeite nur weiter, ich möchte lieber nur

draußen Obacht geben, hinausgehen muß es uns doch!" Während nun Dieter sich über die Mauer zurückschwang und dann auf dem zum Anwesen führenden Weg aufpaßte, fand Zundel im Wohnzimmer in einer offenen Kommode ein Päckchen Hundertmarkscheine und verbarg es in seiner Tasche. Zundel verließ dann auf der rückwärtigen Seite eilig das Anwesen, rief sogleich den Dieter zu sich, schlug sich mit ihm in den nahen Wald, erzählte ihm den Hergang und bot ihm von seiner Beute fünf Hundertmarkscheine an, die Dieter an sich nahm.

2. Noch am gleichen Nachmittage verabredete Zundel mit Dieter einen Diebstahl in dem alleinstehenden Landhause des Rentners Paul Protz. Dieser war, wie sie erfahren hatten, wegen des schlechten Wetters auf mehrere Tage in seine Stadtwohnung zurückgekehrt und hatte nur einen alten Dienstboten zurückgelassen, der tagsüber im Hause tätig war, nachts aber während jener Zeit bei einem benachbarten Bauern schlief. Es war etwa abends 5 Uhr, als Dieter und Zundel sich in das unversperrte Haus schlichen, um nach Einbruch der Dunkelheit zu stehlen. In einem Zimmer des oberen Stockwerkes, wo sie sich bis dahin verbergen wollten, fand Dieter sogleich in einer offenen Schreibtischschublade eine goldene Herrenuhr und gab sie dem Zundel. Da diesem die Uhr äußerst wertvoll schien, begnügte er sich mit der gemachten Beute und verließ sofort wieder das Haus. Dieter, der inzwischen eine Flasche Kognak entdeckt hatte, blieb zurück und trank die ganze Flasche aus. Infolgedessen wurde er derart berauscht, daß er auf dem Sofa einschlief und erst gegen 6 Uhr morgens erwachte. Auf der Suche nach Geld fand er in der gleichen Schublade 20 ℳ in Kassenscheinen; er legte sie in seine Brieftasche und entfernte sich hierauf unbehindert.

III.

Kaum war Dieter in seiner Wohnung zuhause, als auch Zundel eintrat. Sie legten alles, was sie mitgebracht hatten, auf den Tisch und erzählten der Frau des

Dieter genau, wo und wie sie zu den einzelnen Sachen gekommen waren. Hierbei war auch der Stiefbruder der Franziska Dieter, der Schlosser Fritz Schlau, zugegen.

1. Von dem Mehl, das Dieter selbst in Verwahrung behielt, schenkte seine Frau mit seinem Wissen und Willen ihrer in Not befindlichen Schwester die Hälfte.

2. Den fünf Kaninchen zog Dieter die Felle ab und übergab sie dem Schlau, damit er sie bei einem Kürschner verkaufe. Schlau, der hierbei ausdrücklich seinen eigenen Vorteil verfolgte, konnte sie wegen der Höhe des verlangten Preises nicht anbringen, weshalb er sie wieder zurücktrug; da er jedoch im Stillen hoffte, sie in einem späteren Zeitpunkte besser verwerten zu können, kaufte er sie schließlich selbst dem Dieter ab.

3. Die goldene Uhr wagte Zundel nicht in eigener Person zu veräußern; auf seine Bitte trug Dieter sie in das Leihhaus, versetzte sie auf den Namen Karl Müller und erhielt 40 ℳ ausbezahlt, von denen er, wie vorher vereinbart, dem Zundel 20 ℳ gab, während er den Rest für sich behielt.

Wie sind die Handlungen des Franz Dieter, des Heinrich Zundel, der Franziska Dieter und des Fritz Schlau nach dem Reichsstrafgesetzbuche zu beurteilen?

Kriegsverordnungen sind außer Betracht zu lassen.

Keiner der Verletzten hat Strafantrag gestellt.

Die Antworten sind unter Angabe der gesetzlichen Bestimmungen kurz zu begründen.

---

8. Aufgabe.

(Aufgabe mit fünfstündiger Arbeitsfrist.)

Der am 1. Februar 1894 geborne Taglöhner Karl Schlecht und der am 25. März 1893 geborne Schlosser Michael Faul verabredeten am 28. Februar 1918 für den nächsten Abend einen Diebstahl bei dem Bauern Georg

Huber in Halling. Sie vereinbarten, sich im Stall des Huber zu treffen und dann entweder bei Nacht in das Haus einzusteigen oder, wenn dies mißlinge, an der Haustüre zu pochen, die öffnende Person niederzuschlagen und jeden zu töten, der sich der Ausführung des Diebstahls in den Weg stellen würde.

Am Abend des 1. März 1918 warteten, ihrer Verabredung entsprechend, Schlecht und Faul, jener mit einem Revolver, dieser mit einem Messer bewaffnet, im Huberschen Stall, bis die Familie zu Bett wäre. Als unerwartet der Bauer Huber noch in den Stall kam, erhielt er von Schlecht mit der Faust einen Stoß, daß er zu Boden fiel, worauf Faul sich auf ihn stürzte und ihn würgte. Nun eilte Schlecht aus dem Stall in das Wohnhaus und stahl aus dem ihm bekannten Geldversteck zehn Hundertmarkscheine. Inzwischen spielte sich im Stall ein schwerer Kampf zwischen Faul und dem Bauern ab. Der kräftige Bauer hatte seinen Gegner unter sich gebracht und gerade zu einem wuchtigen Schlag mit dem Melkkübel ausgezogen, als es dem Faul gelang, sein Messer aus der Tasche zu bringen und damit dem Bauern einen Stich zu versetzen, der dessen Tod zur raschen Folge hatte. Vor dem Stalle traf Faul auf Schlecht, der ihm sagte, daß er das Geld schon habe. Auf dem Heimweg teilten sie die Beute. Am nächsten Tage wurden sie verhaftet.

Am 5. März 1918 ist Voruntersuchung eröffnet worden gegen Faul und Schlecht wegen je eines gemeinschaftlich an dem Bauern Huber verübten Verbrechens des Mordes in rechtlichem Zusammentreffen mit je einem Verbrechen des schweren Raubes nach §§ 211, 249, 250 Nr. 1, 251, 47, 73 StGB.

Nach Schluß der Voruntersuchung beantragte der Staatsanwalt in einer dem § 198 StPO. entsprechenden Anklageschrift die Eröffnung des Hauptverfahrens gegen Faul und Schlecht vor dem zuständigen Schwurgericht beim Landgerichte Hausen wegen der vorbezeichneten Straftaten.

Die Anklageschrift enthielt ferner die neue Anklage gegen Faul, dieser sei auf Grund seines Geständnisses hinreichend verdächtig, in der Nacht vom 21. auf 22. März 1913 dem Bauern Simon Haas in Dörflein eine fremde bewegliche Sache, nämlich ein Pferdegeschirr im Werte von 200 ℳ in der Absicht rechtswidriger Zueignung weggenommen und sich dadurch eines Vergehens des Diebstahls nach § 242 StGB. schuldig gemacht zu haben; der Staatsanwalt beantragte auch hiewegen die Eröffnung des Hauptverfahrens vor dem Schwurgerichte. Die Anzeige wegen dieses Diebstahls war bald nach Begehung der Tat erstattet, das Ermittlungsverfahren aber vom Staatsanwalt wegen unbekannten Aufenthalts des Faul vorläufig eingestellt worden, nachdem der Antrag auf Erlassung eines Haftbefehls mit Beschluß des zuständigen Amtsgerichts Hausen vom 1. April 1914 abgelehnt worden war. Erst am 21. März 1918 war Faul durch das Amtsgericht Hausen auf Grund der Terminsanberaumung vom gleichen Tage als Beschuldigter wegen dieser Straftat vernommen worden.

Die Strafkammer eröffnete mit Beschluß vom 2. Juni 1918 das Hauptverfahren gegen Faul auch wegen dieses Vergehens vor dem bezeichneten Schwurgericht unter Bezugnahme auf §§ 2, 3 und 7 StPO. Den Schlecht erachtete der Eröffnungsbeschluß in Ansehung des Mordes nicht der Mittäterschaft, sondern nur der dem Faul wissentlich geleisteten Beihilfe zu dem von diesem verübten Verbrechen des Mordes für hinreichend verdächtig. Er setzte ihn deshalb hinsichtlich eines Verbrechens des mit Faul gemeinschaftlich ausgeführten Mordes außer Verfolgung und eröffnete das Hauptverfahren gegen ihn vor dem genannten Schwurgerichte wegen eines Verbrechens der Beihilfe zum Verbrechen des Mordes im rechtlichen Zusammentreffen mit einem Verbrechen des mit Faul gemeinschaftlich verübten schweren Raubes nach §§ 211, 49, 249, 250 Ziff. 1, 251, 47, 73 StGB. Gegen Faul wurde das Hauptverfahren im übrigen gemäß dem Antrage des Staatsanwalts eröffnet mit dem Abmaße, daß bei Faul die Gemeinschaftlichkeit der Ausführung des Mordes (§ 47 StGB.) entfiel.

Der prozeßordnungsgemäß zugestellte Beschluß wurde von keiner Seite angefochten.

Die Sache kam am 1. Oktober 1918 zur Verhandlung.

Nach Verlesen des Eröffnungsbeschlusses sind folgende Anträge gestellt worden:

A) vom Verteidiger des Schlecht:

Diesen sofort gänzlich freizusprechen.

Schlecht sei hinsichtlich des ihm zur Last gelegt gewesenen Verbrechens des in Mittäterschaft verübten Mordes am Bauern Huber mit rechtskräftigem Beschluß der Strafkammer außer Verfolgung gesetzt. Mittäterschaft und Beihilfe seien nur verschiedene Begehungsformen derselben Sratstat. Die Voraussetzungen des § 210 StPO. für eine Wiederaufnahme der Klage, die zudem in einem besonderen Verfahren erfolgen müßte, seien nicht gegeben. Die Tat, hinsichtlich deren er rechtskräftig außer Verfolgung gesetzt sei, könne auch aus einem anderen rechtlichen Gesichtspunkte nur beim Vorliegen der Voraussetzungen des § 210 verfolgt werden; der Eröffnungsbeschluß nehme rechtliches Zusammentreffen mit Raub an.

Der Staatsanwalt erwiderte: § 210 käme nur zur Anwendung, wenn schlechthin auf Außerverfolgungsetzung erkannt wäre.

B) vom Verteidiger des Faul:

in erster Linie: diesen von der Anklage des Diebstahlsvergehens sofort freizusprechen, da zur Zeit der ersten richterlichen Untersuchungshandlung (21. März 1918) die zu nicht festgestellter Stunde in der Nacht vom 21./22. März 1913 begangene Tat bereits verjährt gewesen sei;

in zweiter Linie: die Strafverfolgung hinsichtlich dieses Vergehens für unzulässig zu erklären, weil mangels einer Voruntersuchung die Aburteilung durch das Schwurgericht unstatthaft sei.

Der Staatsanwalt widersprach. Die Verjährung sei durch den amtsgerichtlichen Beschluß vom 1. April 1914 unterbrochen worden. Zudem müsse erst die Beweisaufnahme ergeben, ob nicht ein aus § 243 Ziff. 7 StGB.

strafbarer Einschleichdiebstahl vorliege. Voruntersuchung sei nicht notwendig gewesen.

Nach Beratung lehnte der Gerichtshof mit

Beschluß (Nr. 1)

sämtliche Anträge ab und zwar den Antrag des Verteidigers des Schlecht mit der Begründung, § 210 sei nicht anwendbar, weil nur eine teilweise Außerverfolgungsetzung vorliege; die Anträge des Verteidigers des Faul, weil erst durch Verhör und Beweisaufnahme die Zeit der Begehung und die für die rechtliche Beurteilung der Tat maßgebenden Umstände geklärt werden müßten, der Mangel der Voruntersuchung aber kein Hindernis für die Aburteilung bilde.

Verhör und Beweisaufnahme ergaben hinsichtlich des Diebstahls des Faul beim Bauern Haas keine Anhaltspunkte für einen straferhöhenden Umstand aus § 243 StGB., auch keine bessere Aufklärung über die Zeit der Tat.

Nach Schluß der Beweisaufnahme verlas der Vorsitzende die Fragen.

Bei Bearbeitung der Aufgabe ist nur der nachstehend besprochene Teil der Fragen einer Prüfung zu unterziehen, im übrigen die Richtigkeit und Vollständigkeit der Fragen zu unterstellen.

In der die Fragen gegen Faul enthaltenden Fragengruppe I lautete Frage 1: Ist der Angeklagte Michael Faul (folgten die Personalien) schuldig:

am 1. März 1918 in Halling

a) vorsätzlich den Bauern Georg Huber von Halling getötet,

b) diese Tötung mit Überlegung ausgeführt

zu haben? —

Zu dem Diebstahlsvergehen des Faul ist lediglich folgende Frage 7 gestellt worden:

Ist der vorgenannte Angeklagte Michael Faul schuldig: in der Nacht vom 21. auf 22. März 1913 und zwar

a) vor Mitternacht
b) nach Mitternacht

in Dörflein eine fremde bewegliche Sache — ein Pferdegeschirr — dem Bauern Simon Haas von dort in der Absicht weggenommen zu haben, diese sich rechtswidrig zuzueignen?

In der Fragengruppe II lautete die gegen Schlecht auf Beihilfe zum Mord zu stellende Frage:

Frage 1: Zu beantworten im Falle der Bejahung der Frage 1a) in Gruppe I:

Ist der Angeklagte Karl Schlecht (folgten die Personalien) schuldig:

am 1. März 1918 in Halling dem Mitangeklagten Michael Faul durch Tat wissentlich dazu Hilfe geleistet zu haben, daß dieser am genannten Tage in Halling den Bauern Georg Huber

a) vorsätzlich tötete,

b) diese Tötung mit Überlegung ausführte? —

Die gegen Schlecht aus § 249 StGB. zu stellende Frage lautete:

Frage 3: Ist der vorgenannte Angeklagte Karl Schlecht schuldig:

am 1. März 1918 in Halling in gemeinschaftlicher Ausführung mit einem Anderen mit Gewalt gegen eine Person — den Bauern Georg Huber in Halling — fremde bewegliche Sachen, nämlich 10 Einhundertmarkscheine, einem Andern in der Absicht weggenommen zu haben, sich diese Sachen rechtswidrig zuzueignen? —

Nach Verlesung der Fragen wurden folgende Anträge gestellt:

A) vom Verteidiger des Faul:

Zur Frage nach Totschlag (Gruppe I Frage 1a) eine Nebenfrage nach Notwehr aus § 53 Abs. 1 und 3 StGB., und zur Frage nach dem Diebstahlsvergehen (Gruppe I Frage 7) eine Nebenfrage zu stellen, ob die Strafverfolgung verjährt sei.

B) vom Verteidiger des Schlecht:

In die Frage nach Raub (Gruppe II Frage 3) zwischen den Worten: „einem Anderen" und „in der Absicht" einzufügen: „nämlich dem Bauern Georg Huber in Halling zu dessen Lebzeiten",

weil ohne die Namhaftmachung des „Anderen" die Tat nicht genügend individualisiert wäre, die Einschaltung der Worte „zu dessen Lebzeiten" aber in gegenwärtigem Falle notwendig sei, da die Zeit des Eintritts des Todes des Huber nicht genau feststehe, im Falle der Wegnahme nach dem Ableben des Huber aber höchstens ein versuchter Raub vorliegen könne.

Der Staatsanwalt trat diesen Anträgen entgegen. Nach Beratung lehnte das Gericht mit

Beschluß (Nr. 2)

diese sämtlichen Anträge ab und stellte die Fragen so fest, wie sie vom Vorsitzenden verlesen worden waren, mit der Begründung:

Notwehr könne nicht in Frage kommen, weil Faul selbst der Angreifer gewesen sei. Die Entscheidung über die Verjährung stehe nicht den Geschworenen zu. Die beantragten Einfügungen in Frage 3 der Gruppe II seien weder zum Beschrieb der Tat nach ihren gesetzlichen Merkmalen noch zu ihrer Unterscheidung erforderlich.

Die Frage 7 der Gruppe I ist von den Geschworenen beantwortet worden mit: „Ja mit mehr als 7 Stimmen, es ist jedoch nicht erwiesen, ob der Diebstahl vor oder nach Mitternacht begangen ist."

Das Urteil sprach den Faul von dem Vergehen des Diebstahls wegen Verjährung frei.

Es sind folgende Fragen zu beantworten und die Antworten zu begründen:

1. Haften dem Beschluß der Strafkammer vom 2. Juni 1918 (Eröffnungs- und Außerverfolgungsetzungsbeschluß) prozeßrechtliche Mängel an?

2. Sind die Beschlüsse Nr. 1 und Nr. 2 richtig und sind sie richtig begründet?
3. Sind Mängel der Fragestellung zu erkennen?
4. Ist die Freisprechung des Faul vom Diebstahlsvergehen in Ordnung?

Bei der Bearbeitung der Aufgabe ist zu unterstellen, daß die Vorschriften der Strafprozeßordnung befolgt sind, soweit sich nicht das Gegenteil ersehen läßt.

---

9. Aufgabe.

(Aufgabe mit fünfstündiger Arbeitsfrist.)

Der Ziegeleibesitzer und Landwirt Rudolf Rau in Moos bestellte laut Vertrags vom 1. März 1914 bei dem Maschinenfabrikanten Ernst Reich in Felden einen gebrauchten Benzinmotor stehender Konstruktion, System Oberursel, von 8 bis 10 Pferdekräften, eine gewöhnliche Ziegelmaschine eines bestimmten Typs und verschiedene Maschinenteile für Pumpwerk und Kraftübertragung und bedang sich aus, daß Reich die Maschinen durch seine Leute an Ort und Stelle aufstellen und in Gang bringen lasse. Der Preis betrug 6000 ℳ; er wurde von Reich gegen Eintragung einer Buchhypothek an dem Anwesen des Klägers in Moos gestundet und sollte in sechs gleichen Jahresfristen zu 1000 ℳ, deren erste am 1. September 1914 fällig war, abgetragen werden. Im Vertrag findet sich folgende Bestimmung: „Für gute Arbeit und gute Leistung und Zusammenarbeit der Maschinen wird von deren Inbetriebsetzung an 6 Monate garantiert. Nachweisbar mangelhafte Lieferungen werden sofort in der Fabrik repariert oder durch neue ersetzt." Von den bestellten Gegenständen hatte Reich die Ziegelmaschine gerade in Arbeit. Der Motor war in der Fabrik vorrätig, ebenso die übrigen Maschinenteile. Die Anlage sollte bis zum 1. Mai 1914 hergestellt sein und war auch an diesem

Tage vollendet. Es stellte sich jedoch alsbald heraus, daß sie fehlerhaft und nicht zu gebrauchen war; denn es gelang nicht, die Ziegelmaschine durch den Motor längere Zeit in Gang zu halten.

Rau wandte sich deshalb an den Rechtsanwalt Huber in Moos und beauftragte ihn mit Wahrnehmung seiner Rechte gegen Reich. Er legte ihm dabei insbesondere auch dar, welchen Schaden er durch die fehlerhafte Lieferung des Reich erleide. Huber verlangte von Reich Wandelung des Vertrags. Als sich Reich weigerte diesem Verlangen zu entsprechen, erteilte Huber, da er bei dem Landgerichte Au nicht zugelassen ist, dem Rechtsanwalt Rott kraft der ihm von Rau eingeräumten Befugnis die Prozeßvollmacht zur Führung des Rechtsstreits mit Reich.

Am 1. August 1914 erhob Rechtsanwalt Rott für Rudolf Rau die Wandelungsklage gegen Ernst Reich bei dem Landgerichte zu Au. In der Klageschrift ist behauptet, daß Reich von den Mängeln der Anlage in Kenntnis gesetzt und zu deren Behebung aufgefordert wurde, auch einen erfolglosen Versuch der Verbesserung der Anlage unternommen, schließlich aber jede weitere Arbeit an der Anlage unter nichtigen Vorwänden verweigert habe. Am Schlusse der Klageschrift findet sich folgender Satz: „Die Geltendmachung des Schadens, der dem Kläger durch die fehlerhafte Lieferung und die dadurch herbeigeführte Außerbetriebsetzung der Ziegelei zugegangen ist, wird ausdrücklich vorbehalten. Dieser Schaden ist jetzt schon sehr groß und wächst fortwährend, weil der Kläger die Ziegelei nicht mehr betreiben kann und infolge dieses Ausfalls bei seiner gespannten Vermögenslage auch in seinem landwirtschaftlichen Betriebe vor dem Zusammenbruche steht." Die Sachverständigen stellten fest, daß der Motor zwar 8—10 Pferdekräfte leiste, aber die Ziegelmaschine, die eine größere Kraft beanspruche, nicht zu betreiben vermöge. Gestützt auf diese Gutachten gab das Landgericht Au der Klage statt. Es sprach in seinem am 1. Juli 1916 verkündeten Urteile aus, daß Reich schuldig sei, die von ihm gelieferten Maschinen und Maschinenteile zurückzunehmen, auf seine Kaufpreisforderung gegen Rau zu 6000 ℳ zu verzichten und die Löschung der für diese Forderung an dem Anwesen Raus im Grundbuch eingetragenen Hypothek zu bewilligen. Die Berufung des Reich wurde durch das Urteil des Oberlandesgerichtes in Berg vom 1. Februar 1917, das am 15. März 1917 die Rechtskraft erlangte, zurückgewiesen. Die beiden Urteile weichen insoferne von einander ab, als das Landgericht das dem Rechtsstreite zu Grunde liegende Rechtsverhältnis als Kauf beurteilte, während das Berufungsgericht das Vorliegen eines Werkvertrages annahm. Rechtsanwalt Rott hatte, da er von Au fortzog, bereits im Juli 1915 die Vertretung Raus niedergelegt. Die Vertretung des Rau übernahm Rechtsanwalt Groß in Au.

Am 1. Mai 1917 erhob Rechtsanwalt Meier für Rau bei dem Landgerichte Felden Klage gegen Reich auf Bezahlung von 33 900 ℳ nebst Zinsen hieraus zu 4 vom Hundert seit dem Tage der Klagezustellung. Der Klageantrag wurde in folgender Weise begründet: Reich habe dem Kläger infolge der rechtskräftigen Verurteilung zur Wandelung den Schaden zu ersetzen, der diesem durch die mangelhafte Lieferung entstanden sei. Dieser Schaden bestehe nicht bloß in den Auslagen Raus für Fracht, Montage und Hypothekbestellung im Betrage von 900 ℳ, sondern auch in der Vermögensbeschädigung, die ihm dadurch zugegangen sei, daß er infolge der mangelhaften Beschaffenheit des von Reich hergestellten Werkes die Ziegelei nicht habe betreiben können. Die ganze Anlage sei während der Dauer des Rechtsstreites geblieben. Reich habe sie nicht entfernt und Rau habe sie nicht entfernen können, weil er sich sonst die Führung des ihm obliegenden Beweises unmöglich gemacht oder doch erschwert hätte. Infolgedessen sei Rau auch verhindert gewesen, den früheren Handbetrieb der Ziegelei fortzusetzen oder sich eine neue Maschinenanlage zu beschaffen. Seine Einrichtung für den Handbetrieb habe Rau auf Anraten Reichs als überflüssig und nutzlos bald nach dem Abschlusse des Vertrages mit diesem verkauft. Trotzdem habe er die Anschaffung einer neuen Maschinenanlage versucht; sie sei aber schon daran gescheitert, daß er nicht die erforderlichen Barmittel besessen und wegen der dem Reich bestellten Hypothek auch keine genügende hypothekarische Sicherheit mehr zu gewähren vermocht habe. So sei es gekommen, daß sein Ziegeleibetrieb seit dem 1. April 1914 vollständig ruhe. Durch den Stillstand der Ziegelei sei allmählich sein völliger wirtschaftlicher Zusammenbruch herbeigeführt worden. Vor allem habe er seinen Kredit verloren. Dazu habe allerdings auch die Weigerung Reichs, in die Löschung der ihm bestellten Hypothek zu willigen, beigetragen. Infolge seiner gänzlichen Mittellosigkeit habe er seine Landwirtschaft nicht mehr ordnungsgemäß betreiben können und sei zum Verkaufe von Vieh, Inventarstücken und Grundstücken gezwungen gewesen. Der Schaden belaufe sich auf 33000 ℳ und setze sich aus folgenden Posten zusammen:

1. 30,000 ℳ Gewinnentgang wegen Stillstands der Ziegelei während der Zeit vom 1. Mai 1914 bis zum 1. Mai 1917. Bei Brauchbarkeit der Anlage hätte jährlich mindestens eine Million Ziegelsteine erzeugt und bei einem Verkaufspreis von 42 ℳ für das Tausend ein Reingewinn von 10 ℳ für tausend Stück erzielt werden können.
2. 500 ℳ Entschädigung für den Entgang der Getreideernte vom Jahre 1916; er habe im Jahre 1916 seine Äcker nicht bebauen können, da er weder ein Gespann, noch Saatgetreide gehabt habe.
3. 800 ℳ Wertausfall bei dem im Jahre 1915 erforderlich gewordenen Notverkauf von 2 jungen Pferden, 2 weiteren Pferden, 2 Ochsen und 3 Kühen.
4. 600 ℳ Ausfall bei der Heuernte der Jahre 1915 und 1916; er habe das Gras auf dem Halme verkaufen müssen; wenn er es hätte einernten können, hätte er es im Winter und im darauffolgenden Frühjahr zu weit höheren Preisen verkaufen können.

5. 600 ℳ Mindererlös bei dem Verkaufe der wegen Stillstands der Ziegelei nicht benötigten 341 Ster Brennholz.
6. 500 ℳ Schaden bei dem Notverkauf eines Wiesengrundstückes.

Für diesen Schaden müsse Reich auch aus dem Grunde aufkommen, weil er vor der Herstellung der Anlage den Motor und die Ziegelmaschine nicht auf ihre Leistungsfähigkeit geprüft habe.

Das Landgericht Felden sprach dem Kläger durch das am 15. Oktober 1917 verkündete Urteil 900 ℳ nebst den Prozeßzinsen daraus zu; im übrigen wies es die Klage ab. In den Urteilsgründen ist ausgeführt: Rau müsse infolge der Wandelung in die Lage versetzt werden, in der er sich befinden würde, wenn er den Vertrag mit Reich nicht abgeschlossen hätte. Deshalb müsse ihm Reich die 900 ℳ Auslagen ersetzen, die er infolge des Vertrages gehabt habe. Mehr könne Rau aber nicht verlangen. Er habe nach § 635 BGB. die Wahl gehabt zwischen Wandelung und Minderung einerseits und Schadensersatz wegen Nichterfüllung andererseits. Dadurch, daß er sich für die Wandelung entschieden habe, habe er sich aller unter § 635 BGB. fallender Schadensersatzansprüche begeben. Da im Gegensatz zum § 463 BGB. der auf § 635 BGB. gestützte Schadensersatzanspruch einen Mangel zur Voraussetzung habe, der auf einem vom Unternehmer zu vertretenden Umstand beruhe, also einem Mangel, der, abgesehen von dem Falle der Garantie, von dem Unternehmer oder seinen Leuten verschuldet sei, werde durch die Wandelung die nachträgliche Geltendmachung der Haftung des Unternehmers für seine schuldhaft mangelhafte Lieferung ausgeschlossen. Rau habe daher durch den Vollzug der Wandelung alle auf ein Verschulden Reichs gestützten Schadensersatzansprüche verloren.

Rau legte gegen das Urteil Berufung zum Oberlandesgericht Berg ein, zog sie aber zurück, als ihm das Oberlandesgericht das Armenrecht wegen Aussichtslosigkeit der Rechtsverfolgung verweigerte.

Rau will nun dafür, daß er von Reich einen Ersatz des ihm infolge der Mangelhaftigkeit der Anlage zugegangenen Schadens nicht erhält, den Rechtsanwalt Rott haftbar machen. Dieser habe anstatt auf Schadensersatz wegen Nichterfüllung zu klagen die Wandelungsklage erhoben. Es wäre seine Pflicht gewesen den Rau über die Rechtslage zu belehren. Dies habe Rott unterlassen, weil er, wie der Schlußsatz seiner Klage ergebe, von der irrigen Meinung ausging, daß die Schadensersatzklage auch noch nach der Wandelung zulässig sei. Zur sorgfältigen Prüfung der Rechtslage sei Rott um so mehr verpflichtet gewesen, als er ausweislich des Schlußsatzes der Klage genau wußte, daß es dem Rau hauptsächlich um Erlangung des durch den Stillstand der Ziegelei erwachsenen und noch erwachsenden Schadens zu tun war. Rau nimmt deshalb den Rott auf den Ersatz der 33000 ℳ in Anspruch, die ihm im Prozesse mit Reich abgesprochen worden sind.

Rott bestreitet, daß die Erhebung der Wandelungsklage fehlerhaft war. Das Urteil des Landgerichts Felden sei unrichtig. Wenn dem Unternehmer ein Verschulden zur Last falle, so müsse er dafür haften und diese Haftung werde durch § 635 BGB. nicht berührt. Es liege alsdann eine sogenannte positive Forderungsverletzung vor. Eine solche Verletzung sei dem Reich in der beim Landgerichte Felden erhobenen Klage zur Last gelegt. Insbesondere aber sei die Unterstellung des zwischen Reich und Rau bestandenen Vertragsverhältnisses unter die Grundsätze vom Werkvertrag irrig; es liege ein Kaufvertrag vor, mithin finde § 463 BGB. Anwendung, dieser aber schließe die Geltendmachung des Schadensersatzanspruches nicht aus.

Rott wendet ferner ein: Ihm sei von Rechtsanwalt Huber der Auftrag zur Erhebung der Wandelungsklage erteilt worden. Schon aus diesem Grunde habe ihm eine Pflicht, den Rau dahin zu belehren, nicht die Wandelung zu verlangen, nicht oblegen. Nehme man aber dennoch ein Verschulden seinerseits an, so sei auch ein Verschulden des Huber gegeben, das seines überwiege. In diesem Falle liege also ein mitwirkendes eigenes Verschulden des Rau vor, da dieser für das Verschulden des Huber nach § 278 BGB. einzustehen habe. Abgesehen davon habe er ja schon im Juli 1915 die Vertretung des Rau niedergelegt. Sein Nachfolger Groß hätte den angeblichen Fehler, der ihm, Rott, vorgeworfen werde, verbessern können.

Endlich weist Rott darauf hin, daß Reich die für ihn aus der Wandelung entsprungenen Pflichten viel zu spät erfüllt habe. Die Zurücknahme der Maschinen und die Bewilligung der Löschung der Hypothek habe er erst im April 1917 vorgenommen. Er sei also im Verzuge gewesen und habe deshalb dem Rau das Verzugsinteresse zu ersetzen; dieses decke sich mit dem von Rau im Schadenersatzprozesse geltend gemachten Schaden. Nichts hindere Rau es jetzt noch einzuklagen. Rau sei also dadurch, daß die Wandelungsklage erhoben worden sei, nicht geschädigt.

Wie ist zu entscheiden?

Dabei ist davon auszugehen, daß Reich zum Ersatze des ganzen von Rau geltend gemachten Schadens im Stande ist sowie daß über die Höhe des dem Rau zugegangenen Schadens kein Streit besteht. Unter den Parteien besteht auch sonst in tatsächlicher Hinsicht kein Streit.

Die Antwort ist zu begründen. Dabei ist auf alle von den Parteien vorgetragenen Rechtsausführungen einzugehen.

---

10. Aufgabe.

(Aufgabe mit fünfstündiger Arbeitsfrist.)

Am Samstag, den 11. August 1917 erlitt der Rentner Reich aus München, als er sich eben zur Erholung in einem Gebirgsdorfe befand, einen Schlaganfall. Da er fürchtete, dieser könne seinen Tod zur Folge haben, schrieb er am gleichen Tage abends seinen letzten Willen in einem eigenhändigen Testament nieder, in dem er seinem Freunde Joseph Huber 20000 ℳ vermachte. Reich schloß das Testament mit einem Begleitschreiben in einen Briefumschlag ein, versiegelte diesen und versah ihn mit der Adresse seines Vertrauensmannes, des Rechtsanwalts Schneid in München. Am Sonntag vormittag schickte Reich den Brief durch den Hausdiener des Kurhauses, in welchem er wohnte, zur Post mit dem Auftrage, den Brief einschreiben zu lassen und aufzugeben. Der Hausdiener vollzog den Auftrag.

In dem Kurort befand sich eine Postagentur, an welcher die 26 Jahre alte Friederike Kurz als Postagentin angestellt war. Sie hatte den 17 Jahre alten Karl Schwarz als Postaushilfe angenommen und ihm die Zustellung der Paketpost und Wertsendungen, die Beförderung der Post von und zu der Bahn und in ihrer Abwesenheit oder sonstigen dienstlichen Verhinderung den gesamten Schalterdienst einschließlich des Postanweisungsdienstes übertragen. Schwarz war berechtigt und verpflichtet, in Abwesenheit der Kurz Posteinzahlungen anzunehmen, Anweisungen auszuzahlen und die hiezu bestimmten und erforderlichen Bücher und Register zu führen. Den Vertrag mit Schwarz hatte die Postagentin der Oberpostdirektion München vorgelegt, welche denselben genehmigte und den Schwarz eidlich verpflichtete.

Schwarz versah den Schalterdienst, als der Hausdiener den Brief Reichs brachte. Er nahm ihn entgegen, trug ihn ein und stellte dem Hausdiener den Aufgabeschein aus. Sodann legte Schwarz den Brief in das für die eingeschriebenen Sendungen bestimmte Fach. Die Postagentin aber legte später den Brief in ihren im Dienstraum stehenden Schrank, zu dem sie allein den Schlüssel hatte, verschloß den Schrank und steckte den Schlüssel zu sich.

An dem nämlichen Sonntag hatte Huber seine Absicht, Reich einmal zu besuchen ausgeführt und war um 10 Uhr in dem Kurort angekommen. Er traf den Reich schwer krank an. Dieser teilte ihm mit, daß er am Abend vorher sein Testament niedergeschrieben und ihn mit 20000 ℳ letztwillig bedacht sowie daß er das Testament bereits zur Post gegeben habe. Bald darauf starb Reich.

Huber befand sich in schlechten Vermögensverhältnissen. Es kam ihm der Gedanke, zu versuchen, ob er sich nicht in den Besitz des Testaments setzen und dieses zu seinen Gunsten fälschen könne. Er ging deshalb zur Post, wo er den Schwarz allein antraf. Vorsichtig fing Huber zuerst eine allgemeine Unterhaltung mit Schwarz an, erkannte aber bald, daß dieser ein leichtfertiger junger Mensch sein müsse, der gerne flott lebte. Nun rückte Huber mit seinem Anliegen heraus, Schwarz möge ihm den an Rechtsanwalt Schneid adressierten eingeschriebenen Brief auf kurze Zeit überlassen. Schwarz wies das Ansinnen anfangs zurück, ließ sich aber dann durch das Versprechen Hubers, er werde ihm 50 ℳ geben, umstimmen. Er begab sich, während Huber am Schalter stehen blieb und wachte, daß Schwarz nicht gestört werde, an das Brieffach, in das er den eingeschriebenen Brief eingelegt hatte, und durchsuchte dieses nach dem Briefe, jedoch ohne Erfolg. Nun fiel ihm ein, daß die Kurz den Brief in ihren Schrank eingeschlossen haben könne. Er teilte diese Vermutung dem Huber mit, worauf dieser ihn durch Versprechen weiterer 50 ℳ bestimmte, den Schrank mit einem falschen Schlüssel zu öffnen oder aufzubrechen. Schwarz probierte nun die Schlüssel der anderen Behältnisse, ob sie nicht zu dem Schrankschlosse paßten. Als er gerade einen gefunden hatte, der den Schloßriegel wirklich zurückdrehte, hörte er die Postagentin von rückwärts in das Haus und in den Dienstraum eintreten und stand deshalb von weiterem Vorgehen ab. Die Kurz hatte keine Ahnung von dem, was indessen vorgegangen war.

Ergrimmt über die Erfolglosigkeit seiner Bemühungen, beschloß Huber bei Schwarz noch einen neuen Versuch zu machen. Er suchte diesen in dessen Privatwohnung auf und erfuhr dort von Schwarz, daß dieser am Abend die Post mit dem Postwagen zur Bahn fahren müsse. Er bestimmte ihn nun abermals durch das Versprechen, ihm 100 ℳ zu geben, bei dieser Gelegenheit den eingeschriebenen Brief beiseite zu schaffen und ihm zu übergeben. Am Nachmittag wurde die Post zur Beförderung mit der Bahn fertig gemacht. Die Postagentin verbrachte den eingeschriebenen Brief in den für München bestimmten Briefbeutel und verschloß diesen ordnungsgemäß mit einer Schnur. Auf der Fahrt zur Bahn zwischen der Ortschaft und der Station band Schwarz den Briefbeutel auf und entnahm ihm den Brief, den er in seiner Rocktasche verbarg. Auf der Station, wo sich Huber eingefunden hatte, steckte ihm Schwarz den Brief heimlich zu, worauf Huber diesen auf seinem Zimmer öffnete und in dem Testament die Zahl 20000 in 40000 änderte. Abends gab er den Brief dem Schwarz zurück und händigte ihm die versprochenen 100 ℳ aus. Schwarz gab am anderen Morgen den Brief heimlich mit der Frühpost nach München auf.

Unmittelbar bevor Huber am Sonntag vormittag den Schalterraum der Post betrat, hatte Schwarz eine ihm von einem Kurgast zur Auszahlung vorgelegte und ordnungsmäßig quittierte Postanweisung über 50 ℳ ausbezahlt. Er hatte dabei aus einem Übersehen das vorschriftsmäßige aber ihm noch etwas ungewohnte Coupieren der Anweisung (Abschneiden einer Ecke) unterlassen. Durch das Dazwischenkommen Hubers hatte Schwarz auch vergessen, die Auszahlung der Postanweisung vorschriftsmäßig im Postanweisungsankunftsbuche einzutragen. Die Postanweisung hatte er im Dienstraum auf einem Tisch niedergelegt. Durch die Versprechungen des Huber war die Geldgier des Schwarz wachgerufen. Als er nach dem eingeschriebenen Briefe suchte, fiel ihm die Postanweisung ins Auge und er beschloß, deren Betrag wenn möglich noch einmal zu erheben und für sich zu verwenden. Es fiel ihm ein, daß er die Anweisung noch nicht coupiert und nicht eingetragen hatte, er unterließ aber beides nun absichtlich und steckte die Postanweisung in die Tasche. Die Postagentin wußte nichts davon, daß die Anweisung bereits eingelöst war, und entdeckte auch das Fehlen der 50 ℳ nicht. Am Montag Vormittag, als Schwarz auf einem Dienstgange durch das Dorf begriffen war, traf er den 10 Jahre alten Jakob Müller. Da dieser ein einfältiger und beschränkter Knabe war, hielt ihn Schwarz für geeignet, ihm bei der Ausführung seines Vorhabens behilflich zu sein. Er übergab ihm die Postanweisung und beauftragte ihn, das Geld auf der Post zu holen und ihm zu bringen, da er es dem Empfänger auszahlen müsse, er selbst aber keine Zeit habe, auf die Post zurückzukehren. Müller ging mit der Anweisung zur Post und legte sie der Agentin am Schalter vor. Diese prüfte die Anweisung und die darauf befindliche Quittung und fand alles in Ordnung. Da die Auszahlung auch im Ankunftsbuche nicht eingetragen war, nahm die Postagentin an, daß die Auszahlung tatsächlich noch nicht erfolgt sei, und zahlte die 50 ℳ an den ihr als durchaus harmlos bekannten Jakob Müller, den sie für einen Beauftragten und Boten des Ausstellers der Quittung hielt, aus. Müller überbrachte dem Schwarz das Geld.

Durch diesen Erfolg wurde Schwarz kühner und unternehmender. Schwarz wußte, daß alle mit der Abendpost einlaufenden Postanweisungen, welche erst am nächsten Tage zugestellt werden konnten, von der Postagentin über Nacht in deren Schrank eingeschlossen und dort aufbewahrt wurden, nachdem sie in das Ankunftsbuch eingetragen und abgestempelt waren. Das geschah auch mit den am Abend des 14. August 1917 in größerer Anzahl einlaufenden Postanweisungen. Darunter befand sich eine auf 150 ℳ lautende, welche ein Krieger aus dem Felde an seine etwa eine halbe Stunde von dem Orte entfernt auf einer Einöde wohnende Frau geschickt hatte. Da Schwarz annahm, daß gerade bei dieser Anweisung eine Entdeckung am schwersten sein werde, beschloß er, sich diese Anweisung anzueignen, zu verfälschen und deren Betrag für sich zu erheben. Er hielt es für zu gefährlich, die Postanweisung zu unterschlagen, wenn sie ihm zur Zustellung übergeben sei, und es dünkte ihm auch am sichersten, noch in der Nacht die Fälschung vorzunehmen, deshalb benützte er die vorübergehende Abwesenheit der Postagentin und öffnete mit dem am Sonntag Vormittag entdeckten, zu einem anderen Behältnisse gehörenden Schlüssel, der das Schloß des Schrankes zurückdrehte, den Schrank, entnahm daraus die auf 150 ℳ lautende Postanweisung und verschloß den Schrank wieder, so daß die Postagentin nach ihrer Rückkehr in den Dienstraum nichts bemerkte. Er fälschte dann in der Nacht zuhause die Postanweisung in der Weise, daß er selbst den Namen der Empfängerin auf die Quittung auf der Rückseite schrieb. Den Jakob Müller wieder mit der Erhebung des Geldes zu beauftragen, wagte Schwarz nicht. Es fiel ihm jedoch ein, daß eine neben seinen Eltern wohnende, aus München zugezogene Witwe einen Sohn hatte, der ihm geeignet zur Ausführung seines Vorhabens schien. Dieser Sohn — Karl Bauer — war zwar erst 11½ Jahre alt, aber über sein Alter hinaus groß gewachsen und geweckt. Ihm übergab er am Mittwoch Vormittag auf seinem Bestellgange die Postanweisung mit dem Auftrage, das Geld bei der Post zu erheben. Er teilte ihm mit, die Empfängerin des Geldes wohne draußen auf einer Einöde. Er habe sie vorhin getroffen und die Postanweisung unterschreiben lassen, sie habe aber das Geld noch nicht erheben können, da der Postschalter noch geschlossen gewesen sei. Nun sollte er, Schwarz, ihr das Geld mit hinausbringen, wenn er auf seinem Bestellgange zu den übrigen in der Umgebung liegenden Einöden hinauskomme. Er selbst habe aber jetzt keine Zeit, auf die Post zurückzukehren, deshalb solle Bauer das Geld erheben und ihm bringen, er dürfe die Anweisung aber nur aushändigen und zurücklassen, wenn ihm die Postagentin das Geld wirklich auszahle. Sonst müßte Bauer unter allen Umständen die Postanweisung wieder mitbringen, denn die Bäuerin, der sie gehöre, sei äußerst mißtrauisch und er müßte ihr deshalb jetzt sofort das Geld oder die Postanweisung wieder mitbringen. Bauer solle deshalb, wenn nötig, durch Drohung oder mit Gewalt die Postagentin zwingen, ihm das Geld auszuzahlen oder die Postanweisung wieder herauszugeben. Wenn Bauer seine Sache gut mache, bekomme er von Schwarz ein Trinkgeld. Bauer nickte verständnisvoll, nahm die Postanweisung in Empfang und ging zur Post. Dort traf er die Kurz allein an und legte ihr die Anweisung vor. Der Postagentin kam die Sache auffällig vor, nachdem sie die Anweisung näher betrachtet hatte, und sie erklärte dem Bauer, sie könne ihm das Geld nicht auszahlen. Daraufhin wurde Bauer frech und sagte, er habe nicht Zeit und Lust lange zu warten, wenn sie ihm nicht augenblicklich das Geld gebe, schlage er ihr die Schalterfenster ein. Die Postagentin blieb auf ihrer Weigerung bestehen, weshalb Bauer die Postanweisung zurückverlangte. Die Agentin verweigerte die Herausgabe der Anweisung. Sie stand dabei am Schalter und hielt die Anweisung in der Hand. Nun griff Bauer plötzlich zum Schalterfenster hinein, packte die Kurz mit der einen Hand an der Schulter, damit sie nicht zurücktreten konnte, hielt sie fest und riß ihr mit der anderen Hand die Postanweisung unvermutet und mit Gewalt aus der Hand. Als er aus dem Schalterraum hinauseilen wollte, kamen ihm unter der Türe andere Postbesucher entgegen, so daß er nicht sofort entrinnen konnte. Auf die Hilferufe der Postagentin wurde Bauer festgehalten und teilte alsbald den wahren Sachverhalt mit.

Bei der Eröffnung des Testaments von Reich stellte sich heraus, daß es gefälscht war. In der darauf eingeleiteten strafrechtlichen Untersuchung legten die sämtlichen Beteiligten ein volles Geständnis ab. Durch die Sachverständigen wurde festgestellt, daß Schwarz die zur Erkenntnis der Strafbarkeit seiner Handlungen erforderliche Einsicht in vollem Maße besitzt. Auch bei Bauer wurde diese Einsicht festgestellt, bei Müller jedoch verneint.

Welche Personen haben sich strafbarer Handlungen schuldig gemacht, und welcher strafbarer Handlungen haben sie sich schuldig gemacht?

Die Antworten sind unter Angabe der Gesetzesstellen zu begründen.

Zweite Abteilung.

1. Aufgabe.

(Arbeitsfrist 5 Stunden)

Als der einer alten hessischen Familie entstammende Oberlandesgerichtsrat Wilhelm Sand von Darmstadt am 1. 4. 1888 an das Reichsgericht nach Leipzig berufen wurde, hatte er außer eine 1871 geborenen Tochter Alma aus erster Ehe, einen Sohn Kurt aus zweiter Ehe, geboren am 3. 3. 1874 in Darmstadt.

1. Kurt kam mit dem Vater nach Leipzig, wo er seine Schulzeit verbrachte. Am 10. 8. 1893 trat er mit seinem Münchener Freunde Ehlert in einem Münchener Regiment ein und wurde dort am 12. 3. 1896 Leutnant. Bald war Kurt Sand als befähigter Offizier und glänzender Reiter gleichbekannt wie als leidenschaftlicher Spieler. Spielschulden waren es auch, die ihn schließlich zwangen, mit schlichtem Abschied den Dienst zu quittieren. Nach einer Auseinandersetzung mit seinem Vater entschloß er sich nach Amerika zu gehen. Sein auf den Rennplätzen bekanntgewordener Name wurde ihm jetzt zur Last. Deshalb und um den guten Namen seines Hauses auch drüben bei der Deutschen Kolonie nicht mit seiner Spielaffaire zu belasten, betrat er mit dem von seinem eingeweihten Freunde Ehlert entliehenen, auf dessen Namen bis 31. 12. 1906 ausgestellten Reisepaß am 1. 4. 1903 das Schiff und am 10. gleichen Monats die Vereinigten Staaten. Hier trat er in einem großen Stahlwerk ein und erwarb sich durch zähen Fleiß und ein durch gute Begabung unterstütztes unermüdliches Studium im Laufe der nächsten Jahre solche Kenntnisse, daß ihn sein amerikanischer Chef auf einen leitenden Posten berief. Mehr und mehr sprach man in der Deutschen Kolonie davon, daß der junge „Ehlert" anscheinend zum Schwiegersohn seines Chefs bestimmt sei.

Im Herbst 1909 stellte sich denn auch Kurt eines Tages den überraschten Freunden als richtig naturalisierter Amerikaner vor. Wenige Wochen danach erhielt er die Mitteilung, sein Vater sei ernstlich krank und wünsche ihn baldigst um sich zu sehen. Am 2. 11. 1909 kam Kurt nach München, wohin seit einigen Jahren sein Vater in Pension gegangen war. 2 Monate konnte er noch mit seinem alten Vater zusammen sein, der ihm seinen längst beglichenen Spielerbankrott gerne verzieh, aber auch aus seiner Abneigung gegen die amerikanische Heirat kein Hehl machte, da er Kurt gerne mit der Tochter Leonore eines Hamburger Freundes verbunden gesehen hätte. Kurts Vater erlebte noch dessen Verlobung mit Leonore, ehe er anfangs 1910 starb. Nachdem Kurt noch mit altgewohnter Tatkraft in Darmstadt und München seine Studien ergänzt hatte, ging er im Dezember 1911 als Vertreter des Handelshauses seines künftigen Schwiegervaters auf dessen Zweiggeschäft in Kiautschou, um sich dort niederzulassen. Die Verehelichung war für Mai 1913 geplant. Wie war aber Kurt peinlich überrascht, als ihm seine Braut anfangs 1913 schrieb, die Papiere seien nun glücklich besorgt bis auf Kurts Staatsangehörigkeitsausweis, bei dem irgend etwas nicht zu klappen scheine. Der Deutsche Gouverneur in Kiautschou, den Kurt im Deutschen Klub kennen gelernt hatte und an den er sich wandte, versprach ihm, den Fall durch seinen Rechtsreferenten prüfen zu lassen. Diesem erklärte Kurt, er könne doch nicht glauben, daß man ihm seine längstgetilgten Spielschulden oder gar den in bester Absicht mit Rücksicht auf den guten Namen seines Elternhauses erfolgten Paßwechsel bei seiner Auswanderung jetzt noch in unleidlicher bürokratischer Engherzigkeit ankreide; er werde nicht ruhen, bis er sich unangefochten als Deutschen Staatsangehörigen sehe.

Kurts Bedenken gegen den Bürokratismus schienen unbegründet, denn noch im Herbst 1913 erhielt er in München, wo er zu seiner Verehelichung einige Monate weilte, ein glänzendes Anerbieten zum Eintritt in den Reichsdienst (Handelsabteilung des Auswärtigen Amts), nachdem der Gouverneur von Kiautschou bei seiner vorgesetzten Stelle auf Kurt wiederholt als auf eine wirtschaftspolitisch hervorragend verwertbare Kraft hingewiesen hatte. Er sollte nach dem Anerbieten nur noch ganz kurz in Kiautschou tätig sein, um dann seinen Dienstwohnsitz in Tokio zu nehmen. Kurt sagte noch von München aus zu, umsomehr als Leonore sich freute, das Märchenland Japan aus eigener Anschauung kennen zu lernen.

Ende November 1913 nach erfolgter Verehelichung reiste das junge Paar ab, 6 Wochen später traf es in Kiautschou ein. Als sich Kurt am 10. 1. 1914 beim deutschen Gouverneur daselbst meldete, fand er bereits sein Anstellungspatent vom 21. 11. 1913 vor. Er hatte zunächst in Kiautschou seinen Dienstwohnsitz, den er — so hieß es in jener Urkunde — vom 1. 4. 1914 ab mit Tokio zu vertauschen habe. Am 1. April 1914 traf Kurt aus Kiautschou in Tokio ein. Eine verheißungsvolle Laufbahn lag vor ihm, die der Ausbruch des Weltkrieges jäh unterbrach. Kurt, nur wenige Monate auf seinem neuen Posten in Tokio, gelangte von dort in Verkleidung als holländischer Reeder glücklich auf neutralem Schiff zur Besatzung in Kiautschou, nahm als Freiwilliger an dessen Verteidigung ruhmvollen Anteil, wurde dabei aber so schwer verwundet, daß er anfangs 1918 im Austauschwege ausgeliefert und nach völliger Genesung und nachdem er sich in Berlin niedergelassen hatte, in der handelspolitischen Abteilung des Auswärtigen Amtes verwendet wurde.

2. Alma war 1888 als Schülerin auf der Düsseldorfer Malakademie und lernte dort den Wiener Maler Felix Waldau, einen Österreicher, kennen. Der freundschaftliche Verkehr wandelte sich bald zu gegenseitiger tiefer Neigung, welcher ein am 2. 2. 1891 zu München geborener Knabe namens Felix entstammte. Dorthin war Alma im Sommer 1890 zu ihrer Tante gezogen und auch nach der Geburt des Kindes bis 1893 geblieben. Mit verdoppeltem Eifer warf sie sich auf ihre Ausbildung, nachdem ihr Vater erbittert seine Hand von ihr zurückgezogen hatte. Felix Waldau, der inzwischen mit einem Staatsstipendium auf 1 Jahr nach Rom gegangen war, hatte sich trotz starker Begabung künstlerisch noch nicht

durchzusetzen vermocht. So hatte sich die von Alma und Felix Waldau erstrebte Heirat immer wieder verzögert. Endlich, als Felix Waldau im Herbst 1900 mit einem Gemälde auf der Internationalen Kunstausstellung der große Wurf gelungen war, führte er am 10. 5. 1901 in seiner Vaterstadt Wien Alma als Gattin heim. Diese hatte schon vorher, um für die bevorstehende Eheschließung allen Weitwendigkeiten aus dem Wege zu gehen, ihre Entlassung aus dem hessischen Staatsverbande genommen. Ihren Sohn Felix hatte sie dabei aus begreiflichen Gründen verschwiegen, was umso weniger aufkam, als sie in all ihren Papieren richtig als ledig bezeichnet war. In der ihr am 1. 10. 1900 zugestellten Entlassungsurkunde war denn auch ihr Kind Felix nicht aufgeführt. Von Wien aus, wo das jungvermählte Paar glücklich lebte, schrieb Alma ihrer Tante nach München, der kleine Felix sollte nun den Namen seines Vaters Waldau führen, da er nach behördlicher Mitteilung hiezu auf Grund seiner ordnungsgemäßen Legitimation durch Ehe berechtigt sei.

Der sehr geweckte kleine Felix war noch immer bei seiner Tante in München, als 1903 seine Mutter bei der Geburt eines Kindes starb. Felix, der von den Eltern Talent und Neigung zur Malerei geerbt hatte, ging nach seiner Gymnasialzeit und Ableistung seines Einjährig-Freiwilligen-Jahres beim Infanterie-Leibregiment in München im November 1910 zum Besuche der Galerien in Düsseldorf, Berlin und Dresden einige Monate weg, kam aber schon im April 1911 wieder nach München zurück. Hier lenkte er bald die Aufmerksamkeit seiner Lehrer auf sich und bewarb sich anfangs 1913 als anerkannt aussichtsreichster Bewerber um den Großen Staatspreis mit einem wundervollen Kinderbildnis, für das bereits ein Liebhaber 100 000 ℳ geboten hatte. Wie war der junge Felix Sand-Waldau bestürzt, als er bei Einreichung seines Bildes mit dem für die Bewerbung geforderten Nachweis seiner bayerischen Staatsangehörigkeit auf Schwierigkeiten stieß.

Sofort richtete der junge Felix am 20. 1. 1914 an die Regierung von Oberbayern eine Eingabe mit dem eindringlichen Hinweise darauf, wieviel für ihn davon abhänge, daß er auf raschestem Wege bis zum 20. 3. 1914 — der Endfrist für die Bewerbung — seine bayerische Staatsangehörigkeit urkundlich belege, und bat ihm hiezu unter Umgangnahme von allen Verfahrensweiterungen zu verhelfen. „Ich beanspruche hiemit — so hieß es am Schlusse seiner Eingabe — die bayerische Staatsangehörigkeit; denn ich kann nicht glauben, daß ich, der sich nie anders denn als Bayer gefühlt hat, unter den Folgen jener Staatsangehörigkeits-Entlassung meiner Mutter leiden darf, wovon ich bis jetzt nicht das Geringste gewußt habe."

Aufgabe:

1. In Kurts und seines Vaters obengeschildertem Lebensgange sind in zeitlicher Folge und erschöpfender rechtlicher Würdigung alle Umstände zu erörtern, die für Kurt Sand zum Erwerb oder Verlust einer Reichs- oder Staatsangehörigkeit führen können oder an die sich jeweils in den einzelnen Zeitfolgen anknüpfen läßt, um Kurts Wunsch sich unangefochten als deutschen Staatsangehörigen zu sehen, zu erfüllen.

2. Nach welchen Gesetzesbestimmungen und Verfahrensvorschriften ist die Eingabe Felix Waldaus an die oberbayrische Regierung zu beurteilen und in welchem Sinne ist auf sie zu entscheiden?

2. Aufgabe.

(Arbeitsfrist 5 Stunden.)

In der ausgedehnten Gebirgsgemeinde Z., deren Sitz die mittelbare Stadt Z. mit etwas über 5000 Einwohnern ist, besteht eine mit 12 Lehrern besetzte protestantische Volksschule; diese wird auch von den im Gemeindebezirk Z. wohnenden schulpflichtigen katholischen Kindern besucht, weil die nächstgelegenen katholischen Schulen mehr als 10 km entfernt sind.

Im Jahre 1913 beantragte das katholische Pfarramt A., dessen Pfarrsprengel die in der Gemeinde Z. wohnenden Katholiken zugeteilt sind, beim Bezirksamte B., es wolle die Gemeinde Z. angehalten werden, die Mittel zur Errichtung einer katholischen Volksschule in Z. bereitzustellen. Zur Begründung des Antrags wurde ausgeführt: Die oberen 2 Klassen der protestantischen Volksschule Z. seien in den letzten Jahren so besetzt gewesen, daß ihre Entlastung durch die Errichtung einer dreizehnten Schulklasse auf die Dauer nicht zu vermeiden wäre. Die Volksschule Z. sei in den fünf Schuljahren 1908/09 mit 1912/13 durchschnittlich von 52 katholischen Schulkindern besucht worden. Durch die Errichtung einer eigenen katholischen Volksschule in Z. würde die dortige protestantische Volksschule so entlastet werden, daß die Errichtung einer dreizehnten Schulklasse noch für längere Zeit unterbleiben könnte. Für die katholische Filialgemeinde Z. wäre die Errichtung einer katholischen Schule auch deswegen sehr erwünscht, weil der anzustellende katholische Lehrer die anderweitig stark in Anspruch genommene katholische Pfarrgeistlichkeit in der Erteilung des Religionsunterrichts an die katholischen Schulkinder unterstützen und vertreten, sowie bei den Gottesdiensten in der katholischen Filialkirche Z. die Kirchenmusik besorgen könnte.

Der vom Bezirksamte B. einvernommene Stadtmagistrat Z. und das Kollegium der Gemeindebevollmächtigten lehnten die Bereitstellung der Mittel für die Errichtung und den Betrieb einer katholischen Volksschule in Z. mit Stimmenmehrheit ab und begründeten ihre Beschlüsse wie folgt: Das katholische Pfarramt A. sei nicht berechtigt, für die in Z. wohnhaften, zum Teile protestantischen Familienvorstände mit katholischen schulpflichtigen Kindern einen Antrag auf Errichtung einer katholischen Volksschule zu stellen. Die Mehrzahl der beteiligten Familienvorstände sei mit der bisherigen Regelung vollständig zufrieden und würde eine Verschlechterung der schulischen Versorgung ihrer Kinder darin erblicken, wenn diese statt einer gutgegliederten eine ungeteilte Volksschule besuchen müßten.

übrigens könne die Gemeinde gegen ihren Willen nicht angehalten werden, die Mittel zur Errichtung einer katholischen Volksschule bereitzustellen, denn die protestantische Schule in Z. sei in den letzten fünf Schuljahren durchschnittlich nur von 49, nicht von 52 katholischen Schulkindern besucht worden. Die Durchschnittszahl 52 ergebe sich nur, wenn die Zahl der jeweils am Anfange des Schuljahres eingetretenen Schulkinder berücksichtigt werde, nach den Besuchszahlen am Ende der einschlägigen fünf Schuljahre ergebe sich aber nur ein Durchschnitt von 49 katholischen Schulkindern. Aber selbst wenn eine höhere Durchschnittszahl als 49 erwiesen wäre, müßte von der Errichtung einer katholischen Schule abgesehen werden, denn es sei unsicher, ob die Zahl der katholischen Schulkinder nicht wieder andauernd zurückgehen werde.

Das Bezirksamt B. ließ hierauf die sämtlichen Familienvorstände von Z., die damals katholische schulpflichtige Kinder hatten, zur Sache einvernehmen. Von den 58 Beteiligten schlossen sich 26 mit zusammen 40 katholischen schulpflichtigen Kindern dem Antrage des katholischen Pfarramtes A. an, 30 mit zusammen 12 katholischen schulpflichtigen Kindern erklärten, sie müßten es entschieden ablehnen, daß ihre Kinder in eine ungeteilte Schule eingewiesen werden.

Das katholische Pfarramt A. und die seinem Antrage beigetretenen Beteiligten reichten auf die Beschlüsse der Stadtverwaltung Z. folgende Gegenerklärung ein: Die gesetzlichen Voraussetzungen für den Anspruch der Katholiken von Z. auf Errichtung einer katholischen Volksschule seien damit erfüllt, daß der Durchschnitt der katholischen Schulkinder in den letzten fünf Jahren 50 erreicht habe; daß diese Durchschnittszahl sich nur für den Anfang und und nicht auch für jeden beliebigen anderen Zeitpunkt der betreffenden Schuljahre errechne, sei belanglos. Auch der Umstand, daß die Durchschnittszahl 50 nur um weniges überschritten worden sei, dürfe nicht ins Gewicht fallen, denn sonst müßte oder dürfte die Errichtung besonderer Bekenntnisschulen für die konfessionelle Minderheit in vielen Fällen unterbleiben, in denen die gesetzlichen Anforderungen erfüllt seien, auch sei mit einer steigenden Zunahme der katholischen Bevölkerung in Z. zu rechnen. Im übrigen kämen im gegebenen Fall für die Ermittlung der gesetzlich vorgeschriebenen Durchschnittszahl auch die katholischen Schulkinder in der vor acht Jahren im Gemeindebezirk Z. entstandenen Ansiedelung Fallsäge in Betracht. Hier hätten nämlich in den letzten fünf Jahren durchschnittlich sechs katholische volkshauptschulpflichtige Kinder gewohnt, welche allerdings nicht die Schule in Z. besucht hätten, sondern von einer vom Besitzer der Fallsäge angestellten Privatlehrerin unterrichtet worden seien.

Die beantragte katholische Volksschule in Z. solle nur die oberen vier Jahrgänge (4. mit 7. Schuljahr) umfassen, in den ersten drei Schuljahren sollten die katholischen Kinder die allgemeine Schule in Z. besuchen. Damit werde die nur in den oberen Klassen der protestantischen Schule nötige Entlastung erreicht; der anzustellende katholische Lehrer könne mit nur vier Jahrgängen zweifellos dieselben Erfolge erreichen, wie sie bisher in der protestantischen Schule erzielt worden seien, zumal da er es nur mit einer sehr mäßigen Zahl von Schulkindern zu tun habe.

Der Stadtmagistrat Z. trat diesen Ausführungen und Anträgen wie folgt entgegen:

Die Fallsäge gehöre zwar noch zu dem Gemeindebezirke Z., die Wohnungen des Besitzers und seiner Arbeiter aber lägen im Gemeindebezirke K.; die Gemeinde Z. habe sich um die Beschulung der in Frage kommenden Kinder nicht zu kümmern, für den Schulbesuch in Z. kämen sie schon deswegen nicht in Betracht, weil die Entfernung dorthin 9 km betrage. Für alle Fälle werde die Umschulung der ganzen Ansiedlung Fallsäge zum Bezirke der katholischen Schule in K. beantragt. Ganz widersinnig sei es, die Errichtung einer katholischen Schule nur für die oberen 4 Schuljahre zu verlangen, obwohl die einschlägigen gesetzlichen Voraussetzungen nicht einmal gegeben seien, wenn man die sämtlichen schulpflichtigen katholischen Kinder von Z. in Betracht ziehe. Zur Errichtung einer solchen Zwergschule könne die Gemeinde Z. auf keinen Fall gezwungen werden.

Der Besitzer der Fallsäge erklärte zur Sache einvernommen, er verpflichtete sich für die nächsten 2 Jahre die schulpflichtigen Kinder seiner Arbeiter an dem Unterrichte der für seine eigenen Kinder gehaltenen Privatlehrerin teilnehmen zu lassen; eine weitere Verpflichtung müsse er ablehnen, weil er nicht wisse, ob er den Besitz längere Zeit behalten werde. Die Schule in K. könnten die Kinder der Ansiedlung Fallsäge nie besuchen, weil K. 11 km entfernt und im Winter der Verkehr dorthin oft längere Zeit unterbrochen sei.

Welche Behörde ist zur Verbescheidung der vorliegenden Anträge zuständig, muß oder kann die Gemeinde Z. angehalten werden, die Mittel zur Errichtung einer katholischen Schule in Z. für nur 4 Jahrgänge bereitzustellen? Bei der Beantwortung der Fragen sind die sämtlichen Erklärungen und Gegenerklärungen der Beteiligten zu würdigen, das tatsächliche Vorbringen hat dabei durchweg als amtlich festgestellt zu gelten.

---

3. Aufgabe.

(Arbeitsfrist 5 Stunden.)

In den oberbayerischen Sommerfrischeorten A. und B., von denen jeder trotz des baulichen Zusammenhanges eine politische Gemeinde bildet, hat sich seit Jahrzehnten das Bedürfnis nach einem öffentlichen einwandfreien Schlachthause ergeben. Die beiden Gemeindeverwaltungen konnten trotz aller Bemühungen zur Errichtung einer solchen gemeinschaftlichen Anlage, an deren Rentabilität nicht zu zweifeln war, nicht bewogen werden, weshalb das vorgesetzte Bezirksamt C. den Plan faßte, die Anlage als Distriktsunternehmen durchzuführen. Es wurde hiezu ein in der gemeinschaftlichen Grenze beider Gemeinden in der Nähe des Bahnhofes gelegenes Grundstück auserſehen, die Aufnahme eines Anlehens von 150 000 ℳ in Aussicht genommen, sowie Plan und Kostenanschlag aufgestellt. Die Distriktsvertretung war auch mit dem Projekte einverstanden und beschloß die Ausführung desselben. Ebenso erteilte die oberbayerische Regierung, Kammer des Innern, hiezu die Genehmigung unter der Bedingung, daß für die Verwaltung der Anlage nach Art. 11 lit. f Abs. 2 des Distriktsratsgesetzes eine Schlachthausordnung erlassen und darin die von den Metzgern für die Benützung des Schlachthauses zu entrichtenden Gebühren in einer Höhe festgesetzt werden, daß dadurch die Kosten des Betriebes und der Unterhaltung der Anlage sowie der Verzinsung und Rückzahlung des aufgenommenen Anlehens gedeckt werden können. Die Distriktsvertretung kam dieser Bedingung auch nach, indem sie in der Schlachthausordnung bestimmte, daß die Benützungsgebühren zur Deckung des Kostenbedarfes auf die Metzger nach Verhältnis der Stückzahl der von ihnen geschlachteten Tiere alljährlich umgelegt werden.

Bevor noch mit dem Bau des Schlachthauses begonnen wurde, erhoben nach Bekanntwerden der ergangenen distriktiven Beschlüsse verschiedene Eigentümer von Grundstücken und Gebäuden, die dem für das Unternehmen bestimmten Gelände benachbart waren, beim Bezirksamt C. gegen die Anlage Einspruch, wobei sie geltend machten, daß diese für ihre Grundstücke beträchtliche Nachteile und Belästigungen durch Gerüche, Abfallablagerungen usw. zur Folge haben werde und auch kein Bedürfnis für eine derartige Anlage bestehe, zumal die Schlachtstätten der einzelnen Metzger entsprechend verbessert werden könnten.

Da durch diese Einsprüche die alsbaldige Ausführung des Projektes gefährdet schien, die Zustände in den Privatschlachtstätten der Metzger namentlich in der Gemeinde A. nach dem von der Gemeindeverwaltung A. eingeholten Gutachten des zuständigen Bezirksarztes und Bezirkstierarztes immer unerträglicher wurden und eine sofortige Abhilfe erforderten, um den Ruf des Ortes A. als vielbesuchten Luftkurort nicht zu gefährden, beschloß in ordnungsgemäßer Weise die gemeindliche Vertretung A. bis zur Errichtung des distriktiven Schlachthauses ein Notschlachthaus mit einer Freibank in einem der Gemeinde A. gehörigen Anwesen, das sich leicht und ohne großen Kostenaufwand hiezu einrichten lasse, zu errichten, und die Vornahme der Schlachtungen sowie den Betrieb der Freibank einem Metzger in A. im Vertragsweg zu übertragen.

Gleichzeitig mit der Vorlage der gemeindlichen Beschlüsse wurde seitens der Gemeindeverwaltung A. bei dem Bezirksamt C. Gesuch um Erteilung der Genehmigung des Notschlachthauses und der Freibank nebst entsprechenden Plänen eingereicht.

Sowohl der zur Sache gehörte Bezirksarzt als auch der Bezirksbaumeister sprachen sich in ihren Gutachten gegen die geplante Anlage aus, da die Lage des Notschlachthauses in einem der schönsten Teile der Ortschaft A. in unmittelbarer Nähe (20—40 Meter entfernt) von drei viel und gern besuchten Fremdenpensionen (Sonnblick, Luginsland und Bergstock) als nicht geeignet erachtet werden könne und wohl jeder Sommergast, der Ruhe und Erholung in frischer Luft sucht, an einer derartigen Anlage Anstoß nehmen würde. Zudem würde der Mühlbach, in den die Abwässer des Schlachthauses geleitet werden sollen, in nicht geringem Maße verunreinigt werden. Dies müsse umsomehr hintangehalten werden, als dieser Bach zwar ein ganz gutes Gefäll aber zeitweise wenig Wasser habe und in seinem Weiterlauf die ganze Ortschaft A. durchfließe. Ein Schlachthaus bringe auch sehr viele Abfälle mit sich, die bei nur kurzem Lagern sehr unangenehme sanitätswidrige Gerüche verbreiten.

Dagegen befürwortete der Bezirkstierarzt die projektierte Anlage, da bei Einhaltung der in den Plänen und der Beschreibung hiezu vorgesehenen Maßnahmen von einer Belästigung der Nachbarschaft nicht gesprochen werden könne, besonders wenn zur Bedingung gemacht werde, daß die Denaturierung aller Abfallprodukte, welche in die vorgesehene geräumige betonierte Grube mit doppelt verschließbarem Eisendeckel kommen, mit einer 10prozentigen Cresollösung gewissenhaft vorgenommen werde. Der Mühlbach habe ein ausgezeichnetes Gefälle und ständig soviel Wasser, daß ein Stagnieren des Kanalinhaltes aus dem Schlachthause nie eintreten könne. Der Gewerberat sprach sich dahin aus, daß für den Fall der Genehmigung folgende Auflagen zu machen wären:

1. Das Schlachthaus muß einen undurchlässigen, an der Oberfläche etwas rauhen Fußboden erhalten, der sich mit Wasser abschwemmen läßt und einen entsprechenden Ablauf besitzt.
2. Die Wände müssen bis auf 2 Meter Höhe über dem Fußboden undurchlässig und leicht abwaschbar sein.
3. Im Schlachthaus und Fleischaufbewahrungsraum müssen die zu öffnenden Fenster Fliegengitter erhalten.
4. Die Gruben für Abfälle, Abwässer usw. sind undurchlässig herzustellen, mit gut schließenden Deckeln zu versehen und ist deren Inhalt mindestens nach jeder Schlachtung mit Kalkmilch oder dergl. reichlich zu desinfizieren.

Das Bezirksamt C brachte hierauf das Unternehmen in der für solche Fälle vorgeschriebenen Weise zur öffentlichen Kenntnis und benachrichtigte alle ihm bekannten Eigentümer und Besitzer der benachbarten Gebäude und Grundstücke noch besonders durch Zustellung je eines Exemplares des die Bekanntmachung enthaltenden Bezirksamtsblattes. Das Ausschreiben enthielt insbesondere die Aufforderung etwaige Einwendungen gegen die Anlage innerhalb einer ausschließlichen Frist von 14 Tagen beim Bezirksamt schriftlich oder mündlich anzubringen. Die Ausgabe und Verbreitung sowie die erwähnte Zustellung dieses Blattes erfolgte am Sonntag, den 4. August 1918.

Daraufhin erhoben am 10. August 1918 zu Protokoll des Bezirksamts C. die Eigentümer der unmittelbar an das für das Notschlachthaus in Betracht kommende Gelände anstoßenden Anwesen Jakob Forster, Peter Groß und Michael Niedermayer in A. Einspruch gegen die geplante Anlage, da sie durch diese für ihre Anwesen, in denen Fremdenpensionen betrieben werden, eine schwere Belästigung und Schädigung befürchteten, da die mit jedem Schlachthaus verbundenen üblen Gerüche die Kurfremden aus ihren Pensionen vertreiben würden.

Auch die Gemeindeverwaltung B. erhob mit Beschluß vom 17. August 1918, eingelaufen beim Bezirksamt C. am 19. August 1918, Einspruch gegen das Unternehmen, weil durch dasselbe unter Umständen die Errichtung des distriktiven Schlachthauses gefährdet oder doch zum mindesten in die Länge gezogen werden könnte und dann die Gemeindeverwaltung gezwungen wäre, ein eigenes Schlachthaus zu errichten, dieses aber zu hohe Kosten im Verhältnis zu der im Gemeindebezirke B. in Betracht kommenden durchschnittlichen Stückzahl der Schlachttiere verursachen würde.

Endlich legte der Verschönerungs- und Fremdenverkehrsverein A. mit Eingabe vom 20. August lfd. Js., eingelaufen beim Bezirksamt C. am gleichen Tage, Einspruch gegen das Unternehmen ein und führte zur Begründung desselben aus, für die Errichtung eines Notschlachthauses und einer Freibank bestehe kein Bedürfnis, da die Metzger im Orte A. alle im Besitze entsprechend eingerichteter Schlachtstätten seien und die Anlage auf dem in Aussicht genommenen Anwesen, das mitten im Orte liege, voraussichtlich die Sommergäste belästigen und für diese mehr Nachteile als Vorteile bringen werde.

Die nochmals einvernommenen Sachverständigen blieben auf ihrem früheren Gutachten bestehen.

Ebenso beharrte die Gemeindeverwaltung A. trotz der der Anlage ungünstigen Gutachten des Bezirksarztes und des Bezirksbaumeisters und der erhobenen Einsprüche auf beschlußmäßiger Verbescheidung ihres gestellten Antrages.

In der hierauf am 10. September 1918 abgehaltenen Tagfahrt, zu welcher die Unternehmerin und alle Widersprechenden geladen und erschienen waren, wurde vom

Verhandlungsleiter, Bezirksamtsassessor D., zunächst noch einmal an der Hand der Pläne und Beschreibungen das Projekt erläutert, die erhobenen Einsprüche bekannt gegeben, die Sachverständigengutachten verlesen und die Einsprüche mit den Parteien erörtert. Sämtliche Gegner der Anlage hielten jedoch ihren Standpunkt aufrecht und beantragten die kostenfällige Abweisung des Gesuches.

Unterm 12. September 1918 erließ sodann das Bezirksamt C. dahin Beschluß:

1. der Marktgemeinde A. wird die Genehmigung zur Anlage eines Notschlachthauses mit einer Freibank auf dem der Gemeinde gehörigen Anwesen Plannummer 348 versagt.
2. Die Kosten des Verfahrens fallen der Marktgemeinde A. als Antragstellerin zur Last.
3. Für diesen Beschluß wird eine Gebühr von 5 ℳ angesetzt.

In der Begründung wurde ausgeführt, daß Schlächtereien zu den nach § 16 GewO. genehmigungspflichtigen Anlagen gehören, daß aber die Genehmigung im Hinblick auf die Gutachten des Bezirksarztes und des Bezirksbaumeisters nicht erteilt werden könne, da die geplante Anlage durch ihre örtliche Lage für die Besitzer und Bewohner der benachbarten Grundstücke und Anwesen sowie für die zahlreichen Sommergäste und Kurfremden, auf die im Hinblick auf die Bedeutung des Ortes A. als Kurort entsprechende Rücksicht genommen werden müsse, erhebliche Nachteile, Gefahren oder Belästigungen herbeiführen könne. Gegenüber dem Umstande, daß sich nur 3 Anwesensbesitzer gegen die Anlage beschwerend gewendet hätten, während die Mehrzahl sich trotz des amtlichen Ausschreibens untätig verhielt, sei zu betonen, daß für die mit der Genehmigung befaßte Behörde die etwaige Gleichgültigkeit eines Teils der Bevölkerung nicht maßgebend für die Prüfung der Frage sein könne, zu der sie der klare Wortlaut des Gesetzes zwinge. Im übrigen habe sich auch der Verschönerungs- und Fremdenverkehrsverein A., gleichsam als Vertreter der Gesamtinteressenten, nachdrücklich gegen die

Genehmigung der Anlage ausgesprochen. Das der Anlage im ganzen nicht ungünstige Gutachten des Bezirkstierarztes vermöge das Urteil des Bezirksamts nicht zu beeinflussen, da dieses das Projekt vom Standpunkte einer Stelle aus beurteile, die ein dienstliches und wohlbegründetes Interesse an der möglichst raschen Errichtung einer Notschlachtanlage mit Freibank habe und demgemäß die sanitäts-, bau- und gewerbepolizeilichen Gesichtspunkte naturgemäß in den Hintergrund treten lasse.

Endlich sei auch die Befürchtung der Gemeindeverwaltung B., daß durch die allenfallsige Genehmigung der Anlage die Durchführung des Projektes eines distriktiven Schlachthauses für die beiden Orte A. und B. gefährdet werden könne, nicht unbegründet.

Gegen diesen Beschluß, der der Gemeindeverwaltung A. sowie den sämtlichen Einsprechern am 15. September 1918 zugestellt wurde, erhob die Gemeindeverwaltung A. am 16. eingelaufen beim Bezirksamt C. am 17. September 1918 Beschwerde zur Regierung von Oberbayern, Kammer des Innern, mit dem Antrage, unter Aufhebung des bezirksamtlichen Beschlusses die Erbauung eines Notschlachthauses mit Freibank zu genehmigen. Zur Rechtfertigung der Beschwerde war im wesentlichen ausgeführt, daß die projektierte Anlage die im angefochtenen Beschlusse behauptete Benachteiligung oder Belästigung der Anlieger oder der Allgemeinheit nicht mit sich bringen werde, da alle Sicherheitsmaßnahmen bei der Ausführung des Projektes getroffen würden, wie sie in den Plänen und in der Beschreibung und in dem Gutachten des Gewerberates vorgesehen seien. Auch müsse bezweifelt werden, ob die Anlage, die von keinem Privatmann, sondern von der Gemeinde errichtet werden solle, überhaupt genehmigungspflichtig sei. Die Gemeinde wolle mit der Anlage ja keine großen Gewinne erzielen, sondern nur einem bestehenden Notstande abhelfen. Wenn dieser nicht tatsächlich vorhanden wäre, würde sie ruhig die Errichtung des geplanten distriktiven Schlachthauses abwarten. Es sei beabsichtigt, Schlachtgebühren zu erheben, und zwar lediglich in einer Höhe, daß aus deren Erträgnis der Aufwand für die baulichen Änderungen an dem bestehenden Gebäude, die Einrichtung und der Betrieb bestritten werden könne. Die nähere Regelung werde nach erfolgter Genehmigung der Anlage erfolgen.

Den Einsprechern wurden Beschwerdeabschriften zugestellt, eine Gegenerklärung wurde jedoch nicht abgegeben.

Der tierärztliche Referent der Regierung, zur Sache einvernommen, äußerte sich dahin, daß bei der Anlage zu unterscheiden sei zwischen der mit dem beabsichtigten Projekte verbundenen Freibank und der eigenen Schlachtanlage. Während erstere unbedenklich überall errichtet werden könnte, seien die gegen letztere erhobenen Bedenken nicht ganz ungerechtfertigt; wenn auch bei Beobachtung verschiedener Bedingungen, wie sie im Projekte bereits berücksichtigt und im Gutachten des Gewerberates angeführt sind, die befürchteten Nachteile im wesentlichen beseitigt werden könnten, so würden bei derartigen Anlagen doch erfahrungsgemäß die behördlichen Auflagen häufig nicht ganz erfüllt und dann seien Belästigungen und Nachteile unausbleiblich. Im übrigen sei die Errichtung eines Notschlachthauses in A., wenn kein allgemeines Schlachthaus erbaut werde, dringend zu wünschen. Das in Aussicht genommene Anwesen sei hiezu geeignet. Daß die Gemeindeverwaltung aus der Anlage einen Gewinn erzielen könne, sei unwahrscheinlich, da die Anlage so teuer werde, daß sich das dafür aufgewendete Kapital kaum verzinsen werde. Denn die Schlachtgebühren dürften auch nicht zu hoch angesetzt werden, wenn nicht der sanitäre Zweck der Anlage außer Acht bleiben solle.

Der Regierungs- und Medizinalrat der Regierung schloß sich in seinem Gutachten den Ausführungen des Bezirksarztes an, während der nochmal gutachtlich einvernommene Gewerberat sein früher abgegebenes Gutachten wiederholte.

Aufgabe:

1. Der mit Gründen versehene Regierungsbescheid ist zu entwerfen. Die Begründung hat sich auf alle wesentlichen Punkte unter Anführung der einschlägigen gesetzlichen Bestimmungen zu erstrecken. Etwa notwendige Ladungen sind als rechtzeitig und richtig erfolgt anzunehmen und dabei ist vorauszusetzen, daß die Geladenen in dem Termine weder erschienen noch vertreten sind.

2. Welche Rechtsmittel sind gegen den Regierungsbescheid zulässig, in welcher Frist sind diese einzulegen und bei welcher Stelle, welche Behörden sind zur weiteren Entscheidung berufen? Die betreffenden Gesetzesstellen sind anzuführen.

4. Aufgabe.

(Arbeitsfrist 5 Stunden.)

A.

Die Landgemeinde O., 5000 Seelen umfassend, welche seit zwei Jahrzehnten zu einer Industriegemeinde größeren Stils herangewachsen ist, besitzt seit dem Jahre 1908 ein gemeindliches Elektrizitätswerk und betreibt dasselbe unter satzungsmäßiger Gebührenerhebung und Regelung seiner Benützung durch das Publikum. Auch versorgt das Werk noch zwei unmittelbar angrenzende Landgemeinden P. und Q. mit Strom. Nach der Satzung über die Stromlieferung an die aus dem Werke Strom beziehenden Personen sind diese verpflichtet auf mindestens 3 Jahre den elektrischen Strom zu entnehmen, während die Gemeinde auf die gleiche Dauer verpflichtet ist, den Strom zu liefern.

Im Jahre 1911 beschloß die Gemeinde O. das gemeindliche Werk mit einem Kostenaufwand von 120000 ℳ zu erweitern, um einige weitere Landgemeinden der Umgegend unter gleichen Bedingungen mit Strom versorgen zu können und damit vermeintlich die Rentabilität des Werkes zu erhöhen.

Schon im Jahre 1910 war durch die Staatsregierung einem Großkraftwerk einer der größten Elektrizitätsfirmen Deutschlands die Versorgung eines großen Teils des Regierungsbezirks R. übertragen worden. Zu diesem Teil des Regierungsbezirkes R. gehören auch die Gemeinden O., P., Q. und die weiter von der Gemeinde O. zur Versorgung aus ihrem Werk in Aussicht genommenen Gemeinden. Keine dieser Gemeinden hatte sich indessen dem Großkraftwerk gegenüber irgendwie wegen Versorgung ihres Gebietes gebunden.

Das der Gemeinde O. vorgesetzte Bezirksamt S. erbat bei der Staatsregierung ein Gutachten über die Wirtschaftlichkeit der beabsichtigten Erweiterung des Elektrizitätswerkes O.

Nach diesem von einem Fachmann ersten Ranges abgegebenen Gutachten ist zweifellos die Erweiterung des Werkes eine durchaus unwirtschaftliche und riskante Sache.

Auf Grund dessen erklärte das Bezirksamt S. eine staatsaufsichtliche Genehmigung irgendwelcher Art zu dieser Erweiterung nicht geben zu können.

Da die Gemeinde O. trotzdem auf förmlicher Verbescheidung der Sache bestand, sprach das Bezirksamt unterm 2. Mai 1913 aus:

„Dem Beschluß der Gemeindeverwaltung und Gemeindeversammlung O., wonach das gemeindliche Elektrizitätswerk in O. mit einem Aufwand von 120000 ℳ erweitert werden soll und diese Kosten durch ein Anlehen in gleicher Höhe aufgebracht werden sollen, wird die staatsaufsichtliche Genehmigung versagt."

Diesem Bescheid ist Art. 159 Abs. I Z. 5 und 7, dann Art. 63 Abs. I der diesrh. Gde.Ordg. (für Prüflinge aus der Pfalz: Art. 91 Z. 5 und 7, dann Art. 47 der pfälz. Gde.Ordg.) zugrunde gelegt.

Die gegen diesen Bescheid von der Gemeinde O. erhobene Beschwerde wurde von der Regierung von R., Kammer des Innern unterm 25. Juli 1913 verworfen, weil die Erweiterung des Elektrizitätswerks weder unvermeidlich, noch zu dauerndem Vorteil der Gemeinde sei, vielmehr die ohnehin sehr hohe Schuldenlast der Gemeinde O. unnötig vermehre und eine gleichfalls unnötige Haftung der Gemeinde herbeiführe.

Hiegegen erhob die Gemeinde O. rechtzeitig formgemäße Beschwerde zum Verwaltungsgerichtshof mit folgender Begründung:

In der Nichtgenehmigung der Werkserweiterung und vielleicht auch der Schuldaufnahme müsse ein Eingriff in die Selbstverwaltungsrechte der Gemeinde O. erblickt werden.

Im Grunde müsse man bei näherer Betrachtung zu der Überzeugung kommen, daß jedenfalls die Werkserweiterung an sich überhaupt keiner aufsichtlichen Genehmigung bedürfe, also eine solche auch nicht versagt werden dürfe. Es handle sich hier doch wahrlich nicht um eine freiwillige Leistung aus Gemeindemitteln, sondern um eine Maßnahme, die zur Erhaltung der Rentabilität einer Gemeindeanstalt nötig sei, also um eine im Rahmen der gemeindlichen Aufgaben liegende, ja sogar gesetzlich notwendige, weil zur Erhaltung des gemeindlichen Vermögens bestimmte Maßnahme, von der ein dauernder Vorteil für die Gemeinde erwartet werden könne.

Davon sei in der Gemeinde O. Jedermann überzeugt und man glaube dort allgemein, die Verweigerung der staatsaufsichtlichen Genehmigung seitens des Bezirksamts und der Regierung sei eine einseitige Begünstigung des Großkraftwerkes, um demselben die Durchführung seines Großunternehmens zu erleichtern.

Es könne doch nicht angehen, daß die Staatsaufsichtsbehörden anstelle der festbegründeten wirtschaftlichen Anschauungen einer ihre eigenen Verhältnisse doch wohl am besten kennenden Gemeinde einfach eine abweichende andere Anschauung aufstellten und damit die gesetzlich notwendigen Maßnahmen der Gemeinde als unnötig und sogar schädlich und daher als genehmigungspflichtig hinstellten. Wenn das möglich sei, dann könne die Staatsaufsicht eben jede gemeindliche Selbstverwaltung aus frei gewählten Gründen aufheben.

Von Gründung einer Gemeindeanstalt aber könne selbstverständlich nicht die Rede sein, da es sich ja um eine längst bestehende Anstalt handle; auch müsse man bezweifeln, ob von einer dauernden Haftung der Gemeinde im Sinne des Art. 159 Abs. I Z. 5 GdeOrdg. (für Prüflinge aus der Pfalz: Art. 91 Z. 5 pfälz. Gde.Ordg.) gesprochen werden könne, da ja eine Haftung wie z. B. für die Bezahlung der Stromgebühren usw. weit mehr auf Seite der die Anstalt Benützenden als auf derjenigen der Gemeinde liege. Auch sei die Gemeinde O. wohl nicht verpflichtet, das Elektrizitätswerk für alle Dauer fortzuführen, wenn ein dauerndes Sinken der Rentabilität oder ein Aufhören der letzteren eintreten sollte. Übrigens könne die Gemeinde ja jederzeit ihr Werk dadurch in seiner Wirtschaftlichkeit erhalten, daß sie (sei es durch Statut, sei es durch ortspolizeiliche Vorschrift) die allgemeine Benützung durch das Publikum zur Zwangspflicht mache, wie dies ja bei anderen gemeindlichen Anstalten, wie Wasserleitungsanstalten, Schlachthäusern usw. häufig geschehe.

Schließlich sei die Gemeinde O. sich bewußt, mit der Erweiterung ihres Werkes nicht nur dem Gemeindesäckel zu dienen, sondern man hoffe auch bestimmt, bei entsprechender Ausgestaltung desselben zu einer — wenn auch kleineren — Überlandzentrale die Strompreise in O., wie in den angeschlossenen und noch anzuschließenden Gemeinden, mit der Zeit senken und sogar unter die Höhe derjenigen des Großkraftwerkes schließlich heruntergehen zu können.

Das aber liege im Interesse der Allgemeinheit und daher auch im Bereiche der Aufgaben der Gemeinden.

Was die Schuldaufnahme für die Erweiterung des Werkes betreffe, so werde dieselbe allerdings vielleicht einer staatsaufsichtlichen Genehmigung bedürfen. Doch dürfte auch das nicht ganz klar und daher vom Verwaltungsgerichtshof nachzuprüfen sein. Aber auch wenn die Genehmigung notwendig sein sollte, so habe man in letzter Zeit die Möglichkeit, auch ohne Schuldaufnahme die Werkserweiterung durchführen zu können, erhalten; ein reicher

Fabrikbesitzer in der Gemeinde O., der sich schon länger mit dem Gedanken der Errichtung einer Stiftung von 200 000 ℳ für Gemeindezwecke in O. trage, habe erklärt, er sei bereit den bürokratischen Eingriffen der Staatsbehörden in die gesunde wirtschaftliche Entwickelung der Gemeinde dadurch eine Schranke zu setzen, daß er die Kosten der Werkserweiterung der Gemeinde O. schenke.

Die Gemeinde O. bitte daher den Verwaltungsgerichtshof um Entscheidung, ob für diesen Fall nicht jede Notwendigkeit einer staatlichen Genehmigung der Werkserweiterung und ihrer Finanzierung in Wegfall komme.

Schließlich bitte man den Verwaltungsgerichtshof doch auch die mit der Streitsache innig verbundene Frage nicht ungewürdigt zu lassen, ob die Überlassung großer Strecken des Landes an Großfirmen zur Elektrizitätsversorgung ohne jede Beteiligung des Staates oder anderer öffentlicher Körperschaften nicht überhaupt den Interessen der Bevölkerung, aber insbesondere den Interessen der Gemeinden und ihrer Selbstbetätigung und Selbstverwaltung auf dem Gebiete der Elektrizitätsversorgung entgegenstehe.

Die Betätigung der Gemeinden als freie Unternehmer auf wirtschaftlichem Gebiet sei mehr und mehr ein Gebot der Stunde geworden. Da bedeute es denn tatsächlich nichts Anderes als einen Eingriff in die Selbstverwaltung der Gemeinden, wenn ihnen weite Gebiete der wirtschaftlichen Betätigung durch staatliche Maßnahmen entzogen werden.

Der Verwaltungsgerichtshof habe es in der Hand, hier durch eine maßgebende Entscheidung den Gemeinden wenigstens für die Zukunft wieder volle wirtschaftliche Freiheit und Selbstverwaltung zu sichern.

Es ist in Form eines Rechtsgutachtens darzulegen, wie der Verwaltungsgerichtshof in der Sache zu entscheiden hat.

Alle Beschwerdepunkte sind eingehend zu würdigen unter Besprechung aller maßgebenden rechtlichen Gesichtspunkte. Ebenso sind genau die Gründe anzugeben, wenn eine Zuständigkeit des Verwaltungsgerichtshofes im Ganzen oder zu einzelnen Beschwerdepunkten nicht angenommen werden sollte; doch wäre der betreffende Beschwerdepunkt bezw. die betreffende Einwendung der GdeO. trotzdem zu würdigen, soweit dabei rechtliche Gesichtspunkte in Frage kommen. Die maßgebenden gesetzlichen Bestimmungen sind anzugeben. Soweit für die Pfalz andere Bestimmungen maßgebend sind, als für das rechtsrheinische Bayern, haben Prüflinge aus der Pfalz diese Bestimmungen anzuwenden.

B.

Wie schon im Eingang von Buchstabe A. gegenwärtiger Aufgabe erwähnt, ist das Elektrizitätswerk der Gemeinde O. bei der Erbauung im Jahre 1908 auch für die Versorgung der Nachbargemeinden P. und Q. nutzbar gemacht worden.

Das Bezirksamt S. glaubte damals, diese Regelung im Interesse der Gemeinden P. und Q., die wirtschaftlich ähnlich gelagerte Verhältnisse wie die Gemeinde O. zeigen, fördern zu sollen und ließ daher in einer amtlichen Tagfahrt eine von den gesetzlichen Vertretungen der Gemeinden O., P., Q. unterzeichnete Abmachung niederschreiben, nach der die Kosten für die Erwerbung des Bauplatzes für das Elektrizitätswerk mit vier Sechstel von der Gemeinde O., mit je einem Sechstel von der Gemeinde P. und Q. zu tragen seien. Die bezüglichen rechtsgültigen Beschlüsse der Gemeinden P. und Q. hat das Bezirksamt S. gemäß Art. 159 Abs. I Z. 7 mit 1 rrh. (Art. 91 Z. 7 mit 1 pfälz.) Gde.Ordg. staatsaufsichtlich genehmigt.

Diese Abmachung wurde lediglich deshalb getroffen, da auf andere Weise eine Einigung über die gemeinsame Stromversorgung nicht zu erzielen war.

Die Gemeinde O. kaufte nun einen etwas abseits gelegenen Bauplatz für das Elektrizitätswerk, mußte aber auch noch einigen Grund zur Anlegung eines dem öffentlichen Verkehr als Gemeindeweg gewidmeten Zufahrtsweges zu dem Werk erwerben.

Die Kosten für diesen Grund glaubte sie nach dem gleichen Verhältnis zwischen sich und den Gemeinden P. und Q. verteilen zu dürfen.

Die letztgenannten Gemeinden bezahlten auch diese auf sie verrechneten Kosten, weil die Gesamtkosten noch unter dem Betrage blieben, der erwachsen wäre, wenn ein z. Zt. der bezirksamtlichen Tagfahrt ins Auge gefaßter bedeutend teuerer Bauplatz gekauft worden wäre.

Schon einige Wochen darauf forderten sie indessen den für die Grunderwerbungskosten für den Zufahrtsweg bezahlten Betrag zurück und stellten auf Weigerung der Gemeinde O. Antrag zum Bezirksamt S., die Gemeinde O. zur Rückzahlung zu verurteilen.

Das Bezirksamt wies den Antrag mit kurzhändiger Büroverfügung vom 16. März 1909 des Inhalts zurück: „Eine Streitsache aus Art. 8 Z. 43 V.G.G. mit Art. 38 rrh. (Art. 29 pfälzischer) Gde.Ordg. liegt nicht vor. Die Streitfrage ist bürgerlich rechtlicher Natur und kann daher nur von den Gerichten entschieden werden".

Die Gemeinde P. verlangte hierauf mit Eingabe vom 16. April 1909 vom Bezirksamt einen „appellablen Bescheid", wurde aber damit vom Bezirksamt unterm 20. April 1909 kurzhändig abgewiesen „da eine glatte bürgerlich rechtliche Streitfrage vorliege".

Sie wendete sich nun an einen Rechtsanwalt um Auskunft über die Frage, ob sie vom Bezirksamt einen appellablen Bescheid verlangen könne und ob sie Aussicht habe, mit ihrer Forderung bei den Verwaltungsbehörden durchzudringen.

Dabei wies der Bürgermeister von P. besonders darauf hin, daß es sich doch um einen Streit zwischen politischen Gemeinden mit Bezug auf eine öffentlich rechtlich geregelte Gemeindeanstalt und um die Ausführung eines von dem Bezirksamt niedergeschriebenen Vertrags handle, sowie um eine Verpflichtung der Gemeinde O. zur Unterhaltung bezw. Herstellung eines öffentlichen Weges gemäß Art. 38 der rrh. (Art. 29 der pfälz.) Gde.Ordg., über die doch nach Art. 8 Z. 34 V.G.G. von den Verwaltungsrechtsinstanzen zu entscheiden sei.

Zur Herstellung eines Weges gehöre doch auch die Erwerbung des nötigen Grundes für diesen Weg und daher seien die Kosten für die Grunderwerbung doch nichts weiter als Kosten für die Herstellung des Weges.

Auch dürfte die Abmachung der Gemeinden O., P. und Q. als eine Zusammenschließung dieser Gemeinden zu einem Zweckverband im Sinne des Art. 37 des Distriktsratsgesetzes aufzufassen sein; wenn auch Verhandlungen hierwegen nicht stattgefunden hätten, so müsse doch die Entstehung eines Zweckverbandes nach der Natur der Sache aus der Bestimmung des Art. 37 Distriktsratsgesetzes gefolgert werden.

Die gutachtliche mit Gründen versehene Äußerung des Rechtsanwalts ist zu entwerfen.

---

5. Aufgabe.

(Arbeitsfrist 5 Stunden)

An die unmittelbare Stadtgemeinde L., Regierungsbezirkes O. (für Prüflinge aus der Pfalz: An die Stadtgemeinde L., Regierungsbezirkes O., welcher gemäß Art. 1 des pfälz. Städteverfassungsgesetzes vom 15. August 1908 die Verfassung der städtischen Gemeinden rechts des Rheins und die Kreisunmittelbarkeit verliehen worden war) erging seitens der Regierung, K. d. Innern, mit Entschließung vom 1. Juni 1918 gemäß Ziff. I Abs. 1 der M.B. vom 25. Juli 1916[1]) die Weisung, die Dienst- und Gehaltsverhältnisse der Gemeindebeamten einschließlich der Ruhegehaltsverhältnisse und der Hinterbliebenenversorgung durch eine Satzung nach Art. 23 des Gemeindebeamtengesetzes zu regeln. Die von den städtischen Kollegien mit der Vorbereitung der Angelegenheit betraute Finanzkommission schlug mit Bericht vom 15. Juni 1918 vor, die Mustersatzung des Staatsministeriums des Innern[2]) unverändert anzunehmen, und brachte gleichzeitig ein Verzeichnis der

[1]) Die MB. vom 25. Juli 1916 ist abgedruckt bei Frank, Gemeindebeamtenrecht S. 147 und bei Helmreich-Rock, GemO. Anhang S. 40.

[2]) Die Mustersatzung ist abgedruckt bei Frank, Gemeindebeamtenrecht S. 151ff.

berufsmäßigen Gemeindebeamtenstellen und den Entwurf einer Besoldungsordnung und einer Urlaubsordnung in Vorlage. Der Stadtmagistrat L. gab den beteiligten Gemeindebeamten gemäß Ziffer II Abs. 3 der M.B. vom 25. Juli 1916[1]) von den Anträgen der Finanzkommission behufs Äußerung Kenntnis.

Die Gemeindebeamten: Obersekretär Maier,
Stadtkämmerer Huber,
Stadtbaumeister Müller,
Sekretär Schmid,
Assistent Schuster,
Oberwachtmeister Schneider

bevollmächtigten den Rechtsanwalt Dr. Hafner in L., die Vorlage zu prüfen, Erklärung in ihrem Namen abzugeben und eventuell auch Beschwerden an höhere Stellen in dieser Angelegenheit einzulegen.

Dr. Hafner, welcher Mitglied des Gemeindekollegiums der Stadt L. ist, legte in einer Eingabe an den Stadtmagistrat dar, daß er namens seiner Vollmachtgeber zwar im allgemeinen gegen die Anträge der Finanzkommission keine Erinnerung zu erheben habe, daß er aber beantrage, es wollen in die Satzungen Bestimmungen aufgenommen werden, wonach:

1. das Dienstverhältnis der vollbeschäftigten, berufsmäßigen Gemeindebeamten nach einer Dienstzeit von 3 bzw. 10 Jahren unwiderruflich sei,
2. die Gemeindebeamten schon vom Tage der Anstellung an (also auch in den ersten 10 Dienstjahren) ruhegehaltsberechtigt wären,
3. die Gemeinde vollbeschäftigten, berufsmäßigen Gemeindebeamten in besonderen Fällen zu ihrem Ruhegehalt einen Unterhaltsbeitrag gewähren kann,
4. für Ansprüche der Gemeindebeamten aus der Satzung der Rechtsweg offen steht.

Die durch Rechtsanwalt Dr. Hafner nicht vertretenen Gemeindebeamten erklärten ihr Einverständnis mit den Anträgen der Finanzkommission.

[1]) Die MB. v. 25. Juli 1916 ist abgedruckt .... (s. nebenstehend S. 70).

Der Stadtmagistrat L. faßte am 5. Juli 1918 bei Anwesenheit des rechtskundigen Bürgermeisters und sämtlicher 9 Magistratsräte mit 8 gegen 2 Stimmen (die Magistratsräte Baum und Strauch stimmten dagegen) folgenden Beschluß:

„I. Die Mustersatzung des Staatsministeriums des Innern wird mit nachstehenden Änderungen angenommen:

a) § 5 erhält einen Absatz V mit folgendem Wortlaut:

„Das Dienstverhältnis des Obersekretärs und des Stadtbaumeisters ist nach einer Dienstzeit von 3 Jahren, das der übrigen vollbeschäftigten, berufsmäßigen Gemeindebeamten nach einer Dienstzeit von 10 Jahren unwiderruflich."

b) § 29 Abs. I[1]) erhält folgenden Wortlaut:

„Der vollbeschäftigte, berufsmäßige Gemeindebeamte kann die Versetzung in den Ruhestand beanspruchen:

1. wenn er das 65. Lebensjahr vollendet hat, oder
2. im Falle der Dienstunfähigkeit."

c) § 34 Abs. I[2]) erster Halbsatz erhält folgenden Wortlaut:

„Der Ruhegehalt, der dem vollbeschäftigten, berufsmäßigen Gemeindebeamten im Ruhestande zusteht, beträgt in den ersten 10 Dienstjahren 35%."

---

[1]) § 29 Abs. I der Mustersatzung lautet: „Der vollbeschäftigte, berufsmäßige Gemeindebeamte kann nach 10jähriger, in solcher Eigenschaft zugebrachter Dienstzeit im Dienst der hiesigen Gemeinde die Versetzung in den Ruhestand beanspruchen 1., wenn er das 65. Lebensjahr vollendet hat oder 2. im Falle der Dienstunfähigkeit".

[2]) § 34 Abs. I erster Halbsatz der Mustersatzung lautet: „Der Ruhegehalt, der dem vollbeschäftigten, berufsmäßigen Gemeindebeamten zusteht, beträgt nach Vollendung der ersten 10 Dienstjahre 35%."

d) § 50[1]) erhält folgenden Wortlaut:

„Die Gemeinde kann vollbeschäftigten, berufsmäßigen Gemeindebeamten in besonderen Fällen zu ihrem Ruhegehalte einen Unterhaltsbeitrag gewähren."

e) § 70 erhält einen Absatz V mit folgendem Wortlaut:

„Diese Satzung ist mit der unterschriftlichen Aushändigung an den Beamten Anstellungsvertrag. Für die Ansprüche der Gemeindebeamten aus dieser Satzung steht der Rechtsweg offen."

II. Die Besoldungsordnung und Urlaubsordnung, welche den bezüglichen Ordnungen für Staatsbeamte angeglichen sind, sowie das Verzeichnis der vollbeschäftigten, berufsmäßigen Gemeindebeamten werden nach den Vorschlägen der Finanzkommission aufgestellt."

Das Kollegium der Gemeindebevollmächtigten beschloß am 15. Juli 1918 bei Anwesenheit von 23 Mitgliedern (Sollstand 24; abwesend war unter genügender Entschuldigung der Gemeindebevollmächtigte Rechtsanwalt Dr. Hafner) mit 21 Stimmen gegen 2 Stimmen (der Gemeindebevollmächtigten Braun und Rechtsanwalt Dr. Roth):

„I. Es wird dem Magistratsbeschluß vom 5. Juli 1918 in allen Punkten beigetreten.

II. Im Hinblick auf die Tätigkeit des Rechtsanwaltes Dr. Hafner in dieser Angelegenheit und den von dem Genannten gegen die Stadtgemeinde namens mehrerer Umlagenzahler geführten Umlagenprozeß wird den Mitgliedern des Gemeindekollegiums verboten, Rechtsgeschäfte, die sich gegen die Stadtgemeinde L. richten, anzunehmen oder durchzuführen."

---

[1]) § 50 der Mustersatzung hat folgenden Wortlaut: „Die Gemeinde behält sich vor, vollbeschäftigten, berufsmäßigen Gemeindebeamten, die nach Zurücklegung einer 3jährigen, aber vor Zurücklegung einer 10jährigen Dienstzeit ohne eigenes Verschulden dienstunfähig geworden sind, einen Unterhaltsbeitrag bis zu dem Betrage zu gewähren, der sich nach den §§ 34 bis 43 ergibt."

Die Beschlüsse der städtischen Kollegien vom 5. und 15. Juli 1918 wurden dem Rechtsanwalt Dr. Hafner, sowie den durch diesen nicht vertretenen Gemeindebeamten (den letzteren außer dem Magistratsbeschluß nur Ziff. I des Kollegiumsbeschlusses) in Abschrift am 1. August 1918 zugestellt.

Bereits am 16. Juli 1918 kam eine Eingabe der Magistratsräte Baum und Strauch und der Kollegiumsmitglieder Braun und Dr. Roth in den Einlauf des Stadtmagistrats L., worin gegen die beschlossenen Abänderungen (lit. a—e des Mag.Beschl.) der Mustersatzung Beschwerde zur Regierung, Kammer des Innern von O. erhoben und gebeten wurde, diesen Abänderungen, die mit den Bestimmungen des Gemeindebeamtengesetzes und der Gemeindeordnung nicht vereinbar seien, die Genehmigung versagen zu wollen.

Am 10. August 1918 brachte der Rechtsanwalt Dr. Hafner eine Beschwerde zur Regierung von O. in den Einlauf des Stadtmagistrates L. mit folgendem Antrag:

1. In § 5 Abs. V der beschlossenen Satzung sei auch das Dienstverhältnis des Stadtkämmerers nach einer Dienstzeit von drei Jahren für unwiderruflich zu erklären, da Umfang und Wert der Tätigkeit des Stadtkämmerers derjenigen des Obersekretärs und des Stadtbaumeisters mindestens gleichzustellen sei.
2. Es wolle Ziff. II des Beschlusses des Gemeindekollegiums vom 15. Juli 1918 außer Wirksamkeit gesetzt werden, da das Gemeindekollegium durch diesen Beschluß seine Zuständigkeit überschritten und in seine (des Dr. Hafner) Privatrechtssphäre eingegriffen habe, nach Art. 157 Abs. I Ziff. 2[1]) der Gemeindeordnung aber die Staatsaufsichtsbehörde einzuschreiten habe, wenn gesetzliche Vorschriften nicht beachtet würden, durch welche das Ermessen der Gemeindebehörden innerhalb des Kreises ihrer Befugnisse beschränkt sei.

Der Stadtmagistrat L. legte mit Bericht vom 1. Oktober 1918 die gesamten Verhandlungen der Regierung

[1]) Art. 89 Abs. I Ziff. 2 der pfälz. GemO.

von O., K. d. Innern, zur Bescheidung vor und bemerkte im Vorlagebericht, daß die beschlossene Regelung der Dienst- und Gehaltsverhältnisse der Gemeindebeamten keine Umlagenerhöhung zur Folge haben werde und deshalb die Leistungsfähigkeit der Gemeinde nicht übersteige, und daß sich der Magistrat einer Stellungnahme zu der Beschwerde des Dr. Hafner gegen den Beschluß des Gemeindekollegiums Ziff. II enthalte, da es sich um den Beschluß einer dem Stadtmagistrat coordinierten Körperschaft handle; die Beschwerden der Magistratsräte Baum und Strauch, der Kollegiumsmitglieder Braun und Dr. Roth und des Rechtsanwalts Dr. Hafner gegen die beschlossenen Satzungen seien nach Anschauung des Magistrates unbegründet, da sich die Satzungen im gesetzlichen Rahmen bewegten.

Aufgabe:

Wie hat die Regierung von O., Kammer des Innern, zu entscheiden? Eingehende Begründung in formeller und sachlicher Hinsicht ist beizugeben, wobei auch der Kosten- und Gebührenpunkt, sowie die Möglichkeiten weiterer Beschwerde zu würdigen sind.

6. Aufgabe.

(Arbeitsfrist 5 Stunden.)

Mit Kollegialbescheid der Regierung von O., Kammer des Innern, vom 20. Jan. 1919 wurden die Verhandlungen des Distriktsrates M. für das Jahr 1919 gemäß Art. 23 des Gesetzes vom 28. Mai 1852, die Distriktsräte betr., in allen Teilen genehmigt; auf rechtsförmliche Zustellung des Distriktsratsbescheides wurde gegen letzteren von keiner Seite Beschwerde erhoben.

Durch Beschluß des Distriktsausschusses M. in seiner von dem Bezirksamtsassessor Huber geleiteten Sitzung vom 15. Februar 1919 wurde der Hundertsatz der Distriktsumlagen für das Jahr 1919 auf 30% festgesetzt und der Distriktskassier angewiesen, an die einzelnen Gemeinden des Distrikts die Aufforderung zur Einzahlung der ersten Hälfte der geschuldeten Distriktsumlagen bis 1. April 1919 ergehen zu lassen.

Im Vollzuge dieses Distriktsausschußbeschlusses erließ der Distriktskassier mit Schreiben vom 1. März 1919 an die Gemeinde Berg die Aufforderung, den auf sie treffenden Umlagenbetrag von 1082 ℳ 50 ₰ zur Hälfte zum 1. April 1919 an die Distriktskasse M. einzuzahlen.

Der Gemeindeausschuß Berg faßte hierauf in seiner Sitzung vom 25. März 1919 bei Anwesenheit sämtlicher Mitglieder einstimmig nachfolgenden Beschluß:

1. Die ziffernmäßige Errechnung des nach Maßgabe des Steuersolls auf die Gemeinde Berg treffenden Distriktsumlagenbetrages von 1082 ℳ 50 ₰ wird als richtig anerkannt.

2. Der zum 1. April 1919 fällige Hälftebetrag ist terminsgemäß an die Distriktskasse M. einzuzahlen, jedoch unter Rechtsverwahrung und vorbehaltlich der Rückforderung.

3. Der Anspruch auf Rückforderung, mit dessen Geltendmachung und näherer Begründung Rechtsanwalt Findig in M. zu betrauen ist, wird auf nachstehende Punkte gestützt:

a) Die ganzen Verhandlungen des Distriktsrates M. sind ungeachtet der durch die Kreisregierung erteilten Genehmigung rechtsungültig.

Die Vorberatung der Verhandlungen in der Sitzung des Distriktsausschusses vom 10. Dezember 1918 gleichwie die Vollversammlung des Distriktsrates M. vom 13. ds. Mts. wurde nicht durch den Vorstand des Bezirksamts M. oder dessen gesetzlichen Vertreter, sondern durch das Mitglied des Arbeiterrates in M. namens Müller geleitet, von dem auch die bezirksamtlichen Verfügungen gezeichnet worden waren, durch welche der Distriktsausschuß und die Vollversammlung des Distriktsrates zu den Sitzungen vom 10. und 13. Dezember 1918 einberufen worden sind.

b) Bei der Abstimmung im Ausschuß sowohl als in der Vollversammlung ist die Beschlußfassung über den Ausbau des Gemeindeverbindungsweges Achdorf—Hausen—Rehdorf—Burg zur Distriktsstraße in der Weise zustande gekommen, daß bei Stimmengleichheit der Leiter der Verhandlungen, das bereits genannte Mitglied des Arbeiterrates in M., den Stichentscheid gab.

c) Für die Ausführung des Distriktsstraßenbaus hat auch der rechtskundige Bürgermeister Maier der Marktgemeinde Hausen gestimmt; Bürgermeister Maier hat seine Stimme abgegeben als gesetzlicher Vertreter der Marktgemeinde Hausen in ihrer Eigenschaft als Eigentümerin desjenigen Grundbesitzes, von welchem die höchste Grundsteuer im Distrikt entrichtet wird.

Seine Berechtigung zur Vertretung der Gemeinde Hausen war deshalb nicht gegeben, weil rechtsk. Bürgermeister Maier mangels einer ordnungsmäßigen Erledigung der Bürgermeisterstelle in Hausen zu Unrecht zum Bürgermeister dieser Gemeinde gewählt worden ist, ferner weil seine Wahl aus formalen Gründen ungültig wäre.

d) An der Beratung über die mehrerwähnte Distriktsstraßenangelegenheit in der Distriktsvollversammlung hat sich auch das Mitglied des verstärkten Distriktsausschusses Pfarrer Fromm von Hausen trotz eines aus der Mitte der Versammlung erhobenen Protestes mit Billigung des Versammlungsleiters eifrig beteiligt; auf seinen Einfluß und seine persönliche Einwirkung auf eine Anzahl von Mitgliedern des Distriktsrates ist es zurückzuführen, daß für die Erhebung des obengenannten Straßenzuges zur Distriktsstraße schließlich die Hälfte der Mitglieder ihre Stimme abgab, während anfänglich nur eine verschwindend geringe Minderheit für das Unternehmen vorhanden war.

e) Weder in der Einladung zur Distriktsausschußsitzung noch in der Einladung zur Vollversammlung war der

Ausbau der vorerwähnten Straße zur Distriktsstraße unter den Beratungsgegenständen aufgeführt, während dies bei anderen weit weniger wichtigen Verhandlungsgegenständen der Fall war.

f) Für den Ausbau des mehrgenannten Straßenzugs zur Distriktsstraße bestand überdies in keiner Weise ein Bedürfnis, da ihm eine über den engsten Nachbarverkehr hinausgehende Bedeutung nicht zukommt und der schon jetzt geringe Verkehr mit dem in sicherer Aussicht stehenden Lokalbahnbau Achdorf—Burg—Weihern noch mehr zurückgehen wird.

g) Auf alle Fälle hätte im Zusammenhang mit der Beschlußfassung über den Distriktsstraßenbau den von der künftigen Distriktsstraße berührten Gemeinden Achdorf—Hausen—Rehdorf und Burg die gleichen Vorausleistungen auferlegt werden müssen wie es bei den übrigen Distriktsstraßenzügen der Fall ist.

Der Gemeindekassier der Gemeinde Berg zahlte am 30. März 1919 den Umlagenbetrag von 541 ℳ 25 ₰ an den Distriktskassier in M. ein unter Übergabe einer beglaubigten Abschrift des Gemeindeausschußbeschlusses vom 25. März 1919.

Am 15. April 1919 brachte Rechtsanwalt Findig in M. unter Beifügung einer beglaubigten Abschrift des Gemeindeausschußbeschlusses vom 25. März 1919 sowie einer ihm vom Bürgermeister von M. ausgestellten Vollmacht ohne Stempel vom 26. ds. Mts. einen Schriftsatz in den Einlauf des Bezirksamts M. mit dem Antrag, die Verhandlungen der Distriktsgemeinde M. für 1919 ungültig und die genannte Distriktsgemeinde für verpflichtet zu erklären, der Gemeinde Berg den bereits eingezahlten Hälftebetrag der für das Jahr 1919 in der Höhe von 1082 ℳ 50 ₰ festgesetzten Distriktsumlagen zurückzuerstatten.

In dem Schriftsatz vom 15. April 1919 ist folgendes ausgeführt.

Ich bin beauftragt, die Ausführungen des Beschlusses des Gemeindeausschusses Berg vom 25. März 1919 in tatsächlicher und rechtlicher Hinsicht zu ergänzen wie folgt:

Zu a) Bei Ausbruch der politischen Umwälzung in Bayern war der Vorstand des Bezirksamtes M. wegen Krankheit beurlaubt und vom Dienstsitz abwesend. Diesen Umstand benützte der Arbeiter- und Soldatenrat in M., unter Ausschaltung des bezirksamtlichen Nebenbeamten Assessors Huber, die Leitung des Bezirksamtes in die Hände seines Mitgliedes Müller zu legen; der Genannte hat in der Folgezeit die Geschäfte des Vorstandes des Bezirksamtes auch gegenüber dem Versuche des wiedergenesenen Amtsvorstandes, seinen Dienst wieder zu übernehmen und trotz eines durch Entschließung des Ministeriums des Innern erfolgten Hinweises auf das Ungesetzliche seines Vorgehens bis 15. Januar 1919 weitergeführt.

Seine Beteiligung bei der Vorbereitung und Durchführung der Distriktsratsverhandlungen für 1919 ist im Gemeindeausschußbeschluß zutreffend dargestellt. Da dem Mitglied des Arbeiterrates Müller nach den Bestimmungen vom 17. Dezember 1918 über die Organisation und Befugnisse der Arbeiterräte[1]) jegliche Legitimation

---

[1]) Die von der Regierung des Volksstaates Bayern am 17. Dezember 1918 erlassenen und in Nr. 295 der Staatszeitung veröffentlichten Bestimmungen über die Organisation und Befugnisse der Arbeiterräte lauten in den Ziffern:

I. In jeder Gemeinde oder für mehrere Gemeinden zusammen ist ein Arbeiter- oder Bauernrat zu bilden.

V. Die Mitglieder der in einer Gemeinde gebildeten Räte wählen einen gemeinschaftlichen Vertrauensmann: die Vertrauensleute eines Distrikts wählen einen Ausschuß.

Die Ausschüsse in den einzelnen Distrikten und die Räte in den kreisunmittelbaren Städten können mit Genehmigung der Regierung des Volksstaats durch Vertrauensleute für den Regierungsbezirk einen Kreisausschuß wählen.

Die Räte und die Ausschüsse wählen einen Vorsitzenden und einen Stellvertreter. Die Mitgliederzahl der einzelnen Räte und Ausschüsse soll in der Regel nicht weniger als drei und nicht mehr als neun betragen.

VII. Die Arbeiter- und Bauernräte bilden bis zur endgültigen Regelung der Verhältnisse durch die Nationalversammlung die Grundlage des neuen Regierungssystems. Sie können in die Sitzungen der Gemeinde-, Distrikts- und Kreisbehörden sowie

zur Einberufung des Distriktsausschusses und der Vollversammlung und zur Leitung ihrer Verhandlungen mangelte, sind die Verhandlungen in vollem Umfang gesetzwidrig zustande gekommen, weshalb die Verhandlungen der Vollversammlung auf keinen Fall die Genehmigung der Kreisregierung finden dürften.

Zu b) Jedenfalls aber ist die Beschlußfassung über die Erhebung des Straßenzuges Achdorf—Hausen—Rehdorf—Burg ungültig, weil der Versammlungsleiter im Ausschuß und im Plenum durch Abgabe des Stichentscheides an der Abstimmung sich in ausschlaggebender Weise beteiligt hat.

Zu c) Die Ungültigkeit des Beschlusses wäre übrigens auch dann gegeben, wenn die Teilnahme des Müller an der Abstimmung nicht zu beanstanden wäre. Es lag nämlich tatsächlich Stimmengleichheit überhaupt nicht vor,

---

deren Körperschaften, soweit es sich nicht um Gegenstände der Verwaltungsrechtspflege handelt, bis zu drei Vertreter abordnen, denen beratende Stimme zusteht. Über die Beratungsgegenstände ist ihnen rechtzeitig Mitteilung zu machen. Bei Teilnahme an geheimen Sitzungen sind die Vertreter zur Geheimhaltung der Sitzungsvorgänge verpflichtet.

Die oben genannten Behörden und Stellen haben den berufenen Vertretern der Räte jederzeit über alle öffentlichen Angelegenheiten Auskunft zu erteilen und diese bei allen wichtigen Anlässen mit ihren Vorschlägen, Anregungen und Anträgen zu hören.

VIII. Die Arbeiterräte befassen sich in gleicher Weise auch mit den Arbeitsverhältnissen der Bekämpfung des Schleichhandels, Aufbringung der Lebensmittel, Durchführung von Notstandsarbeiten innerhalb ihres räumlichen Tätigkeitsbereiches und machen bei den zuständigen Stellen Anregungen und Vorschläge.

IX. Den Arbeiter- und Bauernräten sowie den Ausschüssen steht keine Vollzugsgewalt zu. Sie vermeiden jeden Eingriff in die staatliche oder gemeindliche Verwaltungstätigkeit. Kommen örtliche Arbeiterräte zu der Überzeugung, daß sie in ihrer Tätigkeit für die Interessen des Volksganzen durch Organe der Staats- oder Gemeindeverwaltung gehemmt werden, so sollen sie beim Kreisausschusse Anträge auf Entsetzungen und Einstellungen von Beamten stellen, der sie nach Prüfung an die Zentralregierung des Volksstaates zur endgültigen Entscheidung weiterleitet.

weil der mit der Gruppe der Anhänger des Distriktsstraßenbaues stimmende rechtskundige Bürgermeister Maier der Gemeinde Hausen zu deren Vertretung nicht berechtigt war. Die Gemeinde Hausen ist vom Distriktsrat M. doppelt vertreten, da sie zu den sogen. Großgrundbesitzern im Sinne des Art. 2b des Distriktsratsgesetzes zählt. In letzter Eigenschaft wird die Gemeinde nach allgemein erfolgter Beschlußfassung der Kollegien vertreten durch den jeweiligen Bürgermeister, während die Vertretung der Gemeinde gemäß Art. 2a a. a. O. durch den von den beiden Kollegien hiefür gewählten Magistratsrat Lehmann erfolgte.

In der Gemeinde Hausen kam es Mitte November 1918 zu Unstimmigkeiten zwischen dem rechtskundigen Bürgermeister Streng und dem Arbeiter- und Soldatenrat, welche den Bürgermeister veranlaßten, in einem Schreiben an den Magistrat die Erklärung abzugeben, daß er mit sofortiger Wirkung sein Amt niederlege. Der Magistrat beschränkte sich darauf, ohne Stellungnahme zu dieser Erklärung des Bürgermeisters Streng den Sachverhalt dem Bezirksamt mit der Bitte um Verhaltungsmaßregeln zu unterbreiten.

Mit bezirksamtlicher Verfügung vom 25. November 1918 gez. Müller wurde auf die Notwendigkeit der alsbaldigen Vornahme einer Ergänzungswahl für die erledigte Bürgermeisterstelle hingewiesen und der Magistrat beauftragt, das Weitere einzuleiten. Als der Magistrat am 1. Dezember 1918 eine Erklärung des Bürgermeisters Streng vorlegte, wonach der Genannte die Zurücknahme seiner Amtsniederlegung erklärte, wurde diese Zurücknahme mit bezirksamtlicher Verfügung vom 2. Dezember 1918 als unzulässig bezeichnet und zur Vornahme der Bürgermeisterwahl Termin auf 20. Dezember 1918 anberaumt mit dem beifügen, daß der unterfertigte Amtsvorstand (Müller) selbst als Wahlkommissär fungieren werde. In der Wahlhandlung vom 20. Dezember 1918 wurde sodann mit 12 von 18 Stimmen der bisherige Rechtsanwalt Maier in Hausen zum rechtskundigen Bürgermeister gewählt.

Diese Wahl ist nichtig, weil die Stelle des Bürgermeisters infolge Zurücknahme der Amtsniederlegungserklärung des Bürgermeisters Streng überhaupt nicht erledigt war; auch wäre die Wahl infolge der Mitwirkung des Arbeiterrates Müller bei der Anberaumung und Leitung der Wahl ungültig.

Zu d) Trotz des Protestes des Distriktsratsmitgliedes Bürgermeister Ehrlich von Berg hat der Leiter der Verhandlungen bei der Distriktsratsversammlung vom 13. Dezember 1918 dem Pfarrer Fromm von Hausen die Teilnahme an der Aussprache über das mehrerwähnte Distriktsstraßenprojekt gestattet und es insbesondere auch geduldet, daß Pfarrer Fromm durch persönliche Einwirkung auf einzelne Distriktsratsmitglieder deren Zustimmung zum Projekt zu gewinnen wußte. Pfarrer Fromm hat dadurch in ungesetzlicher Weise einen Einfluß auf den Gang der Verhandlungen ausgeübt.

Zu e) Die Nichtaufzählung des wichtigen Distriktsstraßenprojektes in den Tagesordnungen des Distriktsausschusses und der Vollversammlung läßt deutlich erkennen, daß es hiebei auf eine Überrumpelung dieser beiden Vertretungen abgesehen war. Es ergibt sich diese Absicht insbesondere aus der engen Zusammenlegung der Termine für die Ausschußsitzung und die Vollversammlung — 10. und 13. Dezember 1918 — wodurch es den Distriktsratsmitgliedern schlechterdings unmöglich gemacht wurde, sich für ihre Stellungnahme in der Vollversammlung durch Einsichtnahme des Protokolls über die vorbereitende Distriktsausschußsitzung zu informieren.

Zu f) Wie bereits im Gemeindeausschußbeschluß betont ist, liegt für den Ausbau des mehrerwähnten Straßenzuges zur Distriktsstraße keinerlei Bedürfnis vor. Die Distriktsgemeinde wird sonach durch unnötige und ungesetzliche Ausgaben in sehr erheblichen Maße belastet. Der Gesamtaufwand ist auf 120000 *M* veranschlagt; hievon sollen 20000 *M* im Voranschlag für 1919 Deckung finden, der Rest soll durch Schuldaufnahme aufgebracht und die Schuld in 10 Jahresraten getilgt werden. Bei Wegfall des

Ausgabepostens von 20000 ℳ im Voranschlag 1919 wäre es möglich gewesen, letztere bei einer Umlageerhebung von nur 15 % abzugleichen. Die Distriktsumlagenpflichtigen werden deshalb in ungesetzlicher Weise mit zu hohen Umlagen belastet.

Zu g) Im Distrikt M. wurden bis jetzt bei allen Distriktsstraßenbauten denjenigen Gemeinden, die von der Distriktsstraße durchzogen werden, sehr weitgehende Vorausleistungen auferlegt (Unentgeltliche Beifuhr des Schottermaterial zur Frühjahrs- und Herbsteinbettung aus dem nächstgelegenen distriktiven Steinbruch, kostenlose Abfuhr des Straßenkotes und Grabenaushubes, Offenhalten der Winterbahn etc.). Dadurch daß die Festsetzung solcher Vorausleistungen im gegenwärtigen Fall unterblieben ist, wird der Distrikt dauernd mit erhöhten Straßenunterhaltungskosten belastet, wodurch diejenigen Gemeinden, die — wie es bei der Gemeinde Berg zutrifft — mit solchen Vorausleistungen belastet sind, eine doppelte Belastung erfahren.

Nach allem rechtfertigt sich mein eingangs gestellter Antrag.

Auf Mitteilung des Antrags des Rechtsanwalt Findig beschloß der Distriktsausschuß M. in seiner Sitzung vom 1. Mai 1919 den Umlagenrückforderungsanspruch nicht anzuerkennen. Er macht geltend, daß gegenüber der Tatsache, daß die Verhandlungen des Distriktsrates M. für 1919 in allen Teilen die aufsichtliche Genehmigung der Kreisregierung gefunden hätten, die auch den neugewählten Bürgermeister Maier von Hausen bestätigt hat, sich ein Eingehen auf die Ausführungen der Gemeinde Berg und ihres Vertreters erübrige.

Aufgabe.

Die bezirksamtliche Entscheidung ist unter Anführung der einschlägigen gesetzlichen und verordnungsmäßigen Bestimmungen zu entwerfen.

In der Begründung ist das gesamte Vorbringen der Beteiligten zu würdigen.

7. Aufgabe.

(Arbeitsfrist 5 Stunden.)

Rosa Stab, geboren am 1. Juli 1902, wohnhaft bei ihrer verwitweten Mutter Anna Stab in Altötting, bisher beheimatet in Berg, Bezirksamt Landshut, erlitt, als sie im Dezember 1916 vorübergehend bei Verwandten in Bach, Bezirksamt Altötting, zu Besuch weilte, einen Anfall von Geistesstörung. Der zur Behandlung herbeigerufene Bezirksarzt von Altötting erklärte sie für gemeingefährlich, da sie von Wahnvorstellungen verfolgt werde und für sich selbst und ihre Umgebung gefährlich sei. Er beantragte bei dem Bezirksamt Altötting ihre Einweisung in eine Heil- und Pflegeanstalt. Rosa Stab wurde hierauf von ihren Verwandten zu ihrer Mutter nach Altötting zurückgeführt, die sie am 5. Januar 1917 auf Grund des inzwischen erlassenen Einschaffungsbeschlusses des Bezirksamts Altötting in die Heil- und Pflegeanstalt Gabersee (Bezirksamt Wasserburg) verbrachte. Die Überführung erfolgte ohne Verständigung des Armenrates.

Die Anstaltsverwaltung erstattete am 6. Januar 1917 Anzeige an den Armenrat Bach, dort am 8. desgl. Mts. eingelaufen. Der Armenrat Bach sandte die Anzeige am 15. Januar weiter an den Armenrat Altötting. Dieser machte auf Grund von Erhebungen, welche die Hilfsbedürftigkeit unzweifelhaft ergaben, am 1. Februar 1917 vorsorgliche Mitteilung an den Landarmenrat Oberbayern, die aber dort nicht in Einlauf gelangte. Der Landarmenrat Oberbayern erhielt erst am 5. März 1917 von dem Anstaltsaufenthalt Kenntnis durch eine Anzeige der Anstaltsverwaltung. Auf die Benachrichtigung hievon wies der Armenrat Altötting auf die in Abschrift beigefügte Anzeige vom 1. Februar hin und legte zugleich eine Abschrift eines mit der Witwe Stab aufgenommenen Vernehmungsprotokolls vor. Diese Schriftstücke kamen am 10. März in den Einlauf des Landarmenrates Oberbayern, der sogleich dem Landarmenrat Niederbayern kurze Mitteilung mit dem Antrag auf Übernahme der Rosa Stab und auf Kostenersatz zugehen ließ.

Am 1. April 1917 erklärte darauf der Landarmenrat Niederbayern die Übernahme der Fürsorge, beließ jedoch die Stab noch in der Anstalt Gabersee bis 1. Mai 1917, an welchem Tage die Überführung in die niederbayrische Heil- und Pflegeanstalt Deggendorf stattfand. Die Direktion der Anstalt erklärte am 30. September 1917 die Stab als nicht mehr gemeingefährlich und entlassungsfähig, sobald sie an einem Beingeschwür geheilt sei, was am 15. Oktober 1917 der Fall war. Eine Anzeige wurde von der Anstaltsverwaltung nicht erstattet.

Die Witwe Anna Stab hatte sich inzwischen am 1. April 1917 mit dem Bauarbeiter Josef Uhl aus Sachsen verehelicht, der in den letzten zwei Jahren häufig seinen Arbeitsort gewechselt und deshalb keinen Unterstützungswohnsitz hatte, und war mit ihm nach Nürnberg gezogen. Bei Eingehung der Ehe verlangte Uhl, daß die zweite Tochter seiner Frau, Marie Stab, geboren am 3. Mai 1904, die hochgradig schwachsinnig war, in eine Anstalt verbracht werde, und erklärte sich bereit, die hiefür erwachsenden Kosten zu bezahlen. Die Mutter erkundigte sich hierauf auf Anraten eines Arztes bei der Pflegeanstalt Lauterhofen in der Oberpfalz, die sich zur Aufnahme gegen eine Vergütung von 300 ℳ jährlich mit Rücksicht auf die teilweise Arbeitsfähigkeit der Stab bereit erklärte. Maria Stab wurde, um einem etwaigen Widerwillen gegen die Anstalt zu begegnen, dahin belehrt, daß sie zum Zweck der Ausbildung im Handarbeiten behufs leichteren Unterhaltserwerbes in die Erziehungsanstalt Lauterhofen komme, womit sie sich einverstanden erklärte. Bei der Aufnahme in die Anstalt, die am 10. Mai 1917 erfolgte, erlegte Uhl einen Kostenvorschuß von 100 ℳ. Am 30. August 1917 verstarb Uhl infolge einer Lungenentzündung. Anna Uhl, welche die Kosten für Verpflegung ihrer Tochter Marie nicht weiter bezahlen konnte, teilte dies der Anstaltsverwaltung in Lauterhofen mit. Diese erstattete hierauf Anzeige an den Ortsarmenrat

Lauterhofen, der sie sogleich an das vorgesetzte Bezirksamt Neumarkt sandte bei der vermeintlichen Unbestimmtheit des zahlungspflichtigen Verbandes. Das Bezirksamt leitete die Anzeige an den Landarmenrat Oberpfalz weiter, wo sie am 15. September 1917 einlief. Dieser stellte sogleich bei dem Landarmenrat Mittelfranken Antrag auf Übernahme und Kostenersatz.

Bezüglich der Kostendeckung für Verpflegung der Rosa und Maria Stab erwuchsen noch folgende Verhandlungen:

Die Verwaltung der Heil- und Pflegeanstalt Gabersee sandte am 3. Mai 1917 die Rechnung für Verpflegung der Rosa Stab an den Landarmenrat Niederbayern, wobei der Tarifsatz von 3 M, wie er für Pfleglinge außerhalb Oberbayerns festgesetzt ist, der Kostenberechnung zugrunde gelegt wurde. Der Landarmenrat Niederbayern erklärte sich bereit, die Kosten vom 1. April bis 1. Mai 1917 zu dem für Pfleglinge des Kreises Oberbayern bestimmten Tarifsatze von 2 M 50 ₰ zu übernehmen. Mit einer diesbezüglichen Erklärung sandte er hierauf die Rechnung der Anstaltsverwaltung Gabersee an den Ortsarmenrat Berg und verlangte zugleich Ersatz für $1/5$ der Kosten für Verpflegung der Rosa Stab. Der Ortsarmenrat Berg lehnte die Bezahlung ab, weil ihm von der Unterbringung der Rosa Stab in Gabersee keine Mitteilung gemacht worden sei und weil die Einschaffung wegen Gemeingefährlichkeit erfolgt sei, ein Krankheitsfall im Sinne des Armengesetzes demnach nicht vorliege. Für alle Fälle übernehme er aber die Kosten nur zu einem Tarifsatz von 2 M, wie er für die Krankenanstalten des Bezirksamts Wasserburg bestimmt sei.

Im Laufe der weiteren Verhandlungen verlangte ferner der Landarmenrat Niederbayern vom Ortsarmenverband Berg Ersatz der Kosten für Verpflegung der Rosa Stab für die Zeit vom 30. September bis 10. Oktober 1917 zum Satz von 2 M für den Tag, da Rosa Stab in dieser Zeit nicht mehr geisteskrank gewesen sei und der Betrag von 2 M dem nach Art. 13 AG. festgesetzten Krankenhaustarif entspreche. Der Ortsarmenrat Berg, bei dem dieser Antrag am 20. Mai 1918 einlief, lehnte die Begleichung dieser Kosten ab, da ihm von diesem Krankheitsfall keine Anzeige erstattet worden sei.

Die Landarmenräte Oberpfalz und Mittelfranken, bei denen die Bezahlung der Kosten für Verpflegung der Maria Stab vom 10. September 1917 ab angefordert war, verweigerten die Begleichung, da der Landarmenverband Niederbayern der endgültig verpflichtete Landarmenverband sei. Dieser wies dagegen darauf hin, daß der Unterstützungswohnsitz der Stab verloren gegangen sei und deshalb der Landarmenverband des letzten Aufenthaltsortes eintreten müsse.

Unter Anführung der gesetzlichen Bestimmungen ist in Gutachtensform auszuführen, von wem, in welcher Höhe und für welche Zeit die Anstaltskosten zu tragen sind, wobei das gesamte Vorbringen der Beteiligten zu würdigen ist.

---

8. Aufgabe.

(Arbeitsfrist 5 Stunden.)

Der am 1. Dezember 1887 geborene Bauerssohn Xaver Huber in Zell, B.A. München, hat am 27. Oktober 1918 Anspruch auf Bewilligung der Invalidenrente angemeldet. Er legte ein Zeugnis des in der Begutachtung von Rentengesuchen erfahrenen Amtsarztes bei, in dem bestätigt wird, daß Gesuchsteller wegen eines unheilbaren Herz- und Lungenleidens seit 1. Oktober 1918 zu mindestens 80 v. H. dauernd erwerbsbeschränkt sei; ob Huber überhaupt eine auf dem allgemeinen Arbeitsmarkt voll verwertbare Arbeitskraft besessen habe, sei recht zweifelhaft. Die beigebrachten 8 Quittungskarten weisen zusammen 316 Beitragsmarken aus, auch liegt ein dem Inhalte nach nicht zu beanstandendes Zeugnis vor, daß Huber im Jahre 1916 gerade 21 volle Wochen arbeitsunfähig erkrankt gewesen sei.

Nach den Erhebungen besitzt der Vater des Xaver Huber ein etwa 50 Tagwerk großes Anwesen, das zum größeren Teil aus Feldern und Wiesen besteht. An Vieh werden 2 Pferde und 12 Kühe gehalten. Das Anwesen bewirtschaftet der Vater nur mit seinen Kindern, die deshalb auch nie Veranlassung hatten, fremde Dienste aufzusuchen. Xaver Huber war von jeher schwächlich und zu den besonders schweren Arbeiten nicht gut zu gebrauchen. Der Vater wollte, wenn er auch nicht unvermöglich war, doch nichts unterlassen, um für Xaver zu sorgen und frug daher im September 1903 beim Bürgermeister von Zell an, ob er den Xaver nicht zur staatlichen Invalidenversicherung anmelden und für ihn eine Quittungskarte ausstellen lassen könnte. Der zu einer späteren Beratung zugezogene Gemeindeschreiber sagte, er habe sich über diesen Fall beim Versicherungsamt erkundigt: wenn der Xaver auch weniger arbeite, so könne man ihn schon versichern, denn, soviel er wisse, erhalte der Xaver ja neben seinem ganzen Lebensunterhalt auch einen Lohn in Geld. Der Vater bestätigte letzteres und erzählte, daß er seinen Kindern und auch dem Xaver, der ja freilich nicht gar viel leisten könne, aber immerhin arbeiten müsse, was man ihm anschaffe, und der deshalb schon eine Arbeitskraft darstelle, stets nach Bedarf bares Geld gebe, bei Xaver belaufe sich der Gesamtbetrag auf jährlich etwa 20 ℳ.

Auf Grund dieser Tatsachen stellte der Bürgermeister von Zell am 13. Oktober 1903 „für den landwirtschaftlichen Arbeiter“ Xaver Huber eine gelbe Quittungskarte aus.

Der Vater Huber klebte die erste Karte mit 52 Marken der ersten Lohnklasse voll. Im Oktober 1904 wurde die Karte zum Umtausch eingereicht und Karte Nr. 2 ausgestellt. Diese wurde mit 25 Marken der ersten Lohnklasse, die dritte im Jahre 1905 ausgestellte Karte mit 34 Marken der genannten Lohnklasse beklebt. Karte 2 und 3 wurden rechtzeitig zum Umtausch eingereicht.

Im Oktober 1906 starb der Vater Huber. Eine neue Quittungskarte war für Xaver nicht mehr ausgestellt worden. Das Kleben von Marken war unterblieben, da „dabei doch nicht viel herausschaue". Die Kinder bewirtschafteten nun das Anwesen gemeinschaftlich weiter. Da sich aber in der Folge die finanziellen Verhältnisse der Familie verschlechterten, erinnerte man sich der Versicherung des Xaver und ließ für ihn im Dezember 1911 wieder eine Quittungskarte (Nr. 4) ausstellen. Der nunnunmehrige Bürgermeister wählte dieses Mal eine Quittungskarte von grauer Farbe, da ihm Zweifel gekommen waren, ob denn bei Xaver Huber ein versicherungspflichtiges Arbeitsverhältnis vorliege. Dem Huber war dies recht und er klebte in den Karten 4 mit 7 im ganzen 205 Marken der ersten Lohnklasse. Am 12. Oktober 1916 wurde Karte Nr. 8 ausgestellt. Sie weist keine Marken mehr auf, da Xaver in dieser Zeit mehr kränkelte.

Das Versicherungsamt äußerte sich zur Sache gutachtlich dahin, daß der erhobene Anspruch abzuweisen sei, da die Anwartschaft auf Rente erloschen sei. In den Jahren 1907 mit 1910 seien keine Marken verwendet worden. Die Anwartschaft sei auch nicht wieder aufgelebt, da hier ja nur die Frage der freiwilligen Versicherung zu prüfen und die hienach nötige Zahl von Beitragswochen nicht entfernt erfüllt sei.

Wie hat die Entscheidung der zuständigen Behörde zu lauten? Die Entscheidung ist mit Gründen zu versehen; die angewandten Gesetzesstellen der R.V.O. sind anzugeben.

---

9. Aufgabe.

(Arbeitsfrist 5 Stunden.)

Die Frist zur Abgabe der Steuererklärungen für 1919 lief beim Rentamt Nürnberg III vom 4. mit 27. Oktober 1918. Der Ingenieur und Fabrikant Heinrich Röther in Nürnberg, Körnerstraße 120 meldete erst auf besondere Aufforderung des Rentamts am 30. November 1918 folgende Einkünfte an:

A.	Reineinkünfte aus	Grundvermögen:	2600 ℳ
B.	„ „	Gewerbebetrieb:	3600 ℳ
C.	„ „	Kapitalvermögen:	1850 ℳ
D.	„ „	Beruf:	3500 ℳ
		Summe der Reineinkünfte:	11550 ℳ
	In Abzug brachte er hieran		
E.	Schuldzinsen und Lasten des bürgerlichen Rechtes:		3900 ℳ
F.	Sonstige Abzüge:		1100 ℳ
		Steuerpflichtiges Einkommen:	6550 ℳ

G. Das gewerbl. Betriebskapital wurde mit 82000 ℳ angegeben.

Die vom Rentamt angestellten Erhebungen über die Einkommensverhältnisse von Röther brachten noch folgende Erläuterungen:

Zu A. Röther besitzt die Anwesen Hochstraße 5 in Schwabach mit 1400 ℳ Reinertrag und Sternstraße 14 in Ansbach mit 1200 ℳ Reinertrag. Für ersteres Anwesen hat er 26 ℳ, für letzteres 19 ℳ Grund- und Haussteuern zu entrichten.

Zu B. Röther ist Alleininhaber einer Metallwarenfabrik. Diese stellt in ihrem Betriebe I in Nürnberg Beleuchtungskörper her, die in 2 Läden, Scheuerlstraße 5 und Adamstraße 10 verkauft werden. Betrieb II in Weißenburg fabriziert Werkzeuge. Betriebskapital und Ertrag verteilen sich je zur Hälfte auf beide Betriebe. Nach dem Geschäftsabschluß vom 31. Dezember 1917 betrug der Reingewinn nach Abrechnung des im Geschäftsjahre 1916 eingetretenen Verlustes von 2260 ℳ, sowie nach Abzug der im Geschäftsjahr 1917 bezahlten Steuern zu 420 ℳ insgesamt 2200 ℳ.

Der in der Steuererklärung weiter ausgewiesene Gewinn zu 1400 ℳ stellt nach Erklärung des Röther seinen gewerblichen Reinertrag aus der Beteiligung an der Pastellkreidefabrik Seum G. m. b. H. laut deren Bilanz vom 30. Juni 1918 dar; der gesamte Betrieb dieser Fabrik findet in Ansbach statt.

Das Betriebskapital der Metallwarenfabrik berechnet Röther auf 130000 ℳ, nämlich 20000 ℳ Wert der Roh- und Hilfsstoffe, 15000 ℳ Kassebestand und Geschäftsausstände, 95000 ℳ Wert der Fabrikeinrichtung. Abgezogen wurden 48000 ℳ Schulden und zwar 28000 ℳ Bankkontokorrentschulden und 20000 ℳ Schuld an den früheren, am 31. Dezember 1914 ausgetretenen Geschäftsteilhaber Georg Haas, der beim Austritt sein Einlagekapital zu 20000 ℳ gegen 5 % Verzinsung im Geschäfte belassen hat.

Zu C. Die Kapitalrente setzt sich zusammen aus:
1000 ℳ = 5 % Zinsen aus 20000 ℳ Reichskriegsanleihe, die Röther am 1. Oktober 1918 gezeichnet hat,
1000 ℳ = 5 % Zinsen aus einem bereits seit mehreren Jahren auf dem Anwesen des Hausbesitzers Konrad Lenz in Erlangen dinglich versicherten Darlehenskapital zu 20000 ℳ.

An den Kapitaleinkünften brachte Röther 150 ℳ Verwaltungskosten in Abzug.

Zu D. Das Berufseinkommen fließt mit 3000 ℳ Jahresgehalt aus der Stellung des Röther als Techniker des städtischen Tiefbauamtes; 500 ℳ sind bezeichnet als Einkommen der im Familienhaushalte lebenden 18jährigen Tochter Elisabeth, die in der Zeit vom 1. August 1918 bis zu ihrem am 31. Dezember 1918 erfolgten Austritt gegen monatlich 100 ℳ Gehalt als Pflegerin in einem Lazarett tätig war.

Einer Mitteilung der städtischen Kassenverwaltung zufolge erhielt Röther neben seinem Gehalt, der ab 1. Februar 1919 auf jährlich 3600 ℳ erhöht wurde, am 1. Dezember 1918 eine einmalige Teuerungszulage von 600 ℳ und ab 1. Januar 1919 außerdem eine fortlaufende monatliche Teuerungszulage von 60 ℳ.

Zu E. Die Schuldzinsen setzen sich zusammen aus 1500 ℳ = 5 % Zinsen aus 30000 ℳ Hypothek auf dem

Schwabacher und 1200 ℳ = 5 % Zinsen aus 24000 ℳ Hypothek auf dem Ansbacher Anwesen.

Den Restbetrag zu 1200 ℳ bezeichnet Röther als eine vertragsmäßige Alimentation seiner in Bonn a. Rh. lebenden Mutter, der Kaufmannswitwe Marie Röther. Zum Nachweise brachte er ein Schriftstück folgenden Inhalts in Vorlage: „Vertrag. Nürnberg, den 4. Oktober 1915. Ich verpflichte mich, meiner Mutter Frau Marie Röther in Bonn ab 1. Januar 1916 jährlich 1200 ℳ Rente zu zahlen. Heinrich Röther. Bonn a. Rh., den 1. November 1915. Ich nehme die Zuwendung meines Sohnes Heinrich dankend an. Frau Marie Röther." Festgestellt wurde noch, daß Frau Marie Röther in Bonn a. Rh. mit 1200 ℳ zur Steuer herangezogen ist, weitere Einkünfte als die Zuwendung ihres Sohnes, der ihr einziges Kind ist, nicht bezieht, auch keinerlei Vermögen besitzt.

Zu F. Die sonstigen Abzüge wies Röther durch folgende Aufstellung nach:

380 ℳ Jahresbeitrag zur Unfall- und Pensionsversicherung für sich.

60 ℳ Jahresbeitrag nach der Reichsversicherungsordnung für das Dienstmädchen.

25 ℳ Beitrag nach der Reichsversicherungsordnung für die Tochter Elisabeth während der Zeit vom 1. August bis 31. Dezember 1918.

35 ℳ Jahresbeitrag für Unfallversicherung der Tochter Elisabeth.

428 ℳ Lebensversicherungsprämie für sich.

172 ℳ Straßenbahnkosten für die Fahrt von der Wohnung zu dem über 6 km davon entfernten Nürnberger Fabrikbetrieb.

Aufgabe:

1. Wer hat die Veranlagung des Röther zur Einkommen-, Gewerbe- und Kapitalrentensteuer vorzunehmen? In welcher Höhe sind die Veranlagungsgrundlagen festzusetzen?

Zu den einzelnen Posten der Steuererklärung und der Erläuterungen ist unter Anführung der bestehenden Vorschriften kurz Stellung zu nehmen.

2. Welche Staatssteuern, Zuschläge, Kreisumlagen und Gemeindeumlagen hat Röther aus den festgestellten Veranlagungsgrundlagen zu entrichten?

Für die Berechnung ist davon auszugehen, daß für das Jahr 1919 die direkten Steuern mit 125 vom Hundert der Normalsteuer zu erheben sind, die Kreisumlagen für Mittelfranken 40 %, die Gemeindeumlagen für Nürnberg 200 %, Schwabach 250 %, Ansbach 150 %, Erlangen 175 % und Weißenburg 100 % betragen.

---

10. Aufgabe.

(Arbeitsfrist 5 Stunden.)

a.

Die Brüder A. und B. und der mit ihnen nicht verwandte C. gründeten am 2. Januar 1915 eine offene Handelsgesellschaft, in die von A. und B. ein Warenlager im Werte von 150000 ℳ und ein Grundstück im Werte von 50000 ℳ und von C. ein Anwesen im Anschlage von 100000 ℳ eingelegt wurde. Die Liegenschaften waren hypothekfrei. Die Gesellschafter waren nach Maßgabe ihrer Einlagen zu je einem Drittel anteilsberechtigt.

b.

Am 2. Juli 1915 trat C. gegen eine Abfindung von 100000 ℳ, für die von der Gesellschaft Hypothek bestellt wurde, aus der Gesellschaft aus.

c.

Am 2. Januar 1916 starb B. Er hatte in seinem privatschriftlichen Testamente vom 1. Dez. 1915 seine Ehefrau D. und seinen Bruder A. zu gleichen Teilen zu Erben eingesetzt und seiner Mutter, die bei seinem Tode 73 Jahre alt war, vermächtnisweise auf Lebenszeit eine Jahresrente von 1000 ℳ zugewendet. Weitere pflichtteilsberechtigte Personen waren nicht vorhanden. Der Nachlaß bestand aus dem Hälfteanteil am Gesellschaftsvermögen, das beim Tode des Erblassers 350 000 ℳ, belastet mit 150 000 ℳ Schulden, betrug, aus Wertpapieren im festgestellten Werte von 16 000 ℳ und aus Kleidern und Wäsche im Werte von 4000 ℳ. Nachlaßschulden wurden im Betrage von 2000 ℳ geltend gemacht. Beim Nachlaßgerichte wurden die Erben ermittelt, das Testament eröffnet und ein Erbschein erteilt. Für das Testament war kein Stempel entrichtet.

d.

Die Witwe verkaufte am 2. März 1916 ihren Erbschaftsanteil an A. um 51 000 ℳ. Dieser stellte am 25. März 1918 den Antrag, den Grundbesitz der Firma auf ihn als Alleineigentümer umzuschreiben. Die Umschreibung fand am 30. März 1918 statt.

Sämtliche Grundstücke sind in München gelegen. Sie blieben, wie sie eingebracht wurden, ohne Änderung des Wertes im Besitze der Beteiligten. Die Verträge zu a, b und d sowie der Antrag zu d wurden bei einem Münchener Notariate beurkundet.

Zu berechnen sind die Landes- und Reichsstempel sowie die örtlichen Besitzveränderungsabgaben, die zu a, b, c und d angefallen sind, die Gebühren und Stempel, die für die gerichtliche Nachlaßbehandlung zu c zu erheben waren und die Erbschaftssteuern für den Erbfall zu c. Die Ansätze sind unter Hinweis auf die angewendeten Gesetzesstellen kurz zu begründen.

Empfehlenswerte Ausgaben wichtiger Reichsgesetze

aus Schweitzers (blauen) Text- und (braunen) Handausgaben.

BGB.

Textausgabe mit vollständigem Abdruck der zitierten Gesetzesstellen. Taschenformat. 900 S. Geb. **Mk. 3.—**, dazu 25% Verlags-Teuerungszuschlag.

Schreibausgabe wie Textausgabe aber Quartformat mit breitem Rand für Notizen. Auf Schreibpapier gedruckt, dauerhaft gebunden. **Mk. 7.—**, dazu 25% Verlags-Teuerungszuschlag.

Handausgabe des BGB. auf der Grundlage von Staudingers Komment. (**Der kleine Staudinger**) bearbeitet v. OLGRat F. Keidel. 8°. XXIII, 1229 S. In Leinen geb. **Mk. 6.50**, dazu 25% Verlags-Teuerungszuschlag.

HGB.

Textausgabe (mit Seerecht) nebst EinfGes., Taschenformat. 359 S. Geb. **Mk. 2.—**, dazu 25% Verlags-Teuerungszuschlag.

Handausgabe (ohne Seerecht) nebst EinfGes. Mit Erläuterungen von Dr. H. Frankenburger, RAnwalt in München. 4. Aufl. 572 S. In Ganzl. geb. **Mk. 5.—**, dazu 25% Verlags-Teuerungszuschlag.

ZPO.

Textausgabe. In neuester Fassung mit 17 Nebenges. 2. Aufl. 2. Abdruck. Mit Verweisungen u. Sachregister. 495 S. Geb. **Mk. 2.—**, dazu 25% Verlags-Teuerungszuschlag.

Handausgabe mit Erläuterungen von OLGRat J. Neumiller in München. 3./4. Aufl. XXVIII, 838 S. In Ganzleinen geb. **Mk. 8.—**, dazu 25% Verlags-Teuerungszuschlag.

KO.

Textausgabe mit 21 Nebengesetz. M. Verweisungen u. Sachregister. Taschenformat. VIII, 201 S. In Leinen geb. **Mk. 2.—**, dazu 25% Verlags-Teuerungszuschlag.

StGB.

Textausgabe nebst EG. u. ergänzdn. Gesetzen. Mit Anm. u. Sachreg. von Dr. Fr. Doerr, Staatsanw., Univ.-Prof. in München. 2. Aufl. XI, 204 S. 1912. Geb. **Mk. 1.20**, dazu 25% Verlags-Teuerungszuschlag.

Handausgabe erl. von Dr. A. Grosch, I. Staatsanwalt. 8°. VIII, 243 S. 2. Aufl. In Ganzl. geb. **Mk. 3.—**, dazu 25% Verlags-Teuerungszuschlag.

J. Schweitzer Verlag (Arthur Sellier) München, Berlin u. Leipzig.

Unentbehrliche Literatur
für jeden Staatsprüfungskandidaten.

Staatsprüfungsaufgaben für den höheren Justiz- und Verwaltungsdienst in Bayern.

Jahrgang 1918 . . Mk. 1.50 (dazu 25% Verlags-Teuerungszuschlag).
Jahrg. 1906—1913, 1916, 1917 und 1918, 10 Jahrg. zusammengenommen Ermäßigter Preis . . Mk. 6.—
Die speziellen Aufg. f. d. Pfalz i. d. J. 1885—88 . Mk. 1.50
Die Jahrgänge 1880—84, 1897 sind vergriffen.
Die übrigen Jahrgänge 1885—1900 kosten einzeln à Mk. —.50; 1901—1913 und 1916 à Mk. 1.—.

☛ **In den Jahren 1914 und 1915 haben keine Staatsprüfungen stattgefunden.**

Der Staatskonkurs. Eine Anleitung für Rechtspraktikanten von **Theodor von der Pfordten**, Oberregierungsrat im Bayer. Justizministerium. 3. vollständig umgearbeitete Aufl. Preis 90 Pfg. (dazu 25% Verlags-Teuerungszuschlag)

Der dienstliche Verkehr und die Amtssprache auf der Grundlage der Bekanntmachung der Zivil-Staatsministerien v. 28. April 1901 unter besonderer Berücksichtigung des Dienstes bei den Justizbehörden. Von **Theodor von der Pfordten**, Oberregierungsrat im Bayer. Justizministerium. Mit den Ministerialbekanntmachungen vom 8. April, 5. Juni und 7. September 1911 betreffend den Geschäftsverkehr der Justizbehörden mit dem Auslande, erläutert und mit Formularmustern versehen von J. Bleyer, II. Staatsanwalt im bayer. Justizministerium, 8°. 3. verbesserte Auflage. Kart. Mk. 2.70 (dazu 25% Verlags-Teuerungszuschlag).

Vom Bayer. Justizministerium wurde das Buch für alle Gerichtsbehörden Bayerns angeschafft.

Das Staatsministerium des Innern hat in seiner **Entschließung vom 17. Juni 1911** netr. Geschäftsgang und Geschäftsvereinfachung (MinBl. S. 418) **auf das Werkchen besonders hingewiesen.**

Die Vorbedingungen für den höheren Justiz-, Verwaltungs- und Finanzdienst in Bayern. Eine Sammlung der Vorschriften mit Anmerkungen, alphabetischem Sachregister und Anhang. Von E. Eckert, I. Staatsanwalt im Staatsministerium der Justiz. 4. umgearbeitete und erweiterte Auflage der von J. Schiedermair herausgegebenen Prüfungsvorschriften. Mit den Abänderungen vom Jahre 1912. 8°. VIII u. 302 S. M. Nachtr Mk. 4 —; Nachtr. allein Mk —.75 (dazu 25% Verlags-Teuerungszuschlag).

Bayer. Gemeindezeitung 1911 Nr. 34: Was dieses Büchlein vor allem auszeichnet, ist seine durch keine Lücke beeinträchtigte Vollständigkeit. . . . . Der junge Jurist kann nirgends besser finden, was er über die Gestaltung seiner Zukunft in dienstlicher Hinsicht wissen möchte.

J. Schweitzer Verlag (Arthur Sellier) München.

Bayerische Gemeindezeitung

Organ für alle Gemeindeangelegenheiten des rechtsrheinischen Bayern und der Pfalz
Verbandsblatt des Landesverbandes d. bayer. Stadt- u. Marktgemeinden.

Begründet von Dr. Th. von Hauck, weil. Oberstaatsanwalt am Verwaltungsgerichtshofe.

Herausgegeben von

Dr. Georg Ziegler,
Regierungsassessor, verw. im Staatsministerium für soziale Fürsorge

unter ständiger Mitwirkung von

K. Meinel, Senatspräsident im Landesversicherungsamt,
Th. von der Pfordten, Rat am Bayer. Obersten Landesgericht,
Dr. **R. Hergt,** Finanz-Assessor im Bayer. Finanzministerium.

Jährlich 36 Nummern in Quartformat. — Preis jährlich Mk. 12.—.

Jahrgang I (1891) gebd. ermäßigt . . . . Mk. 3.—
Jahrgang II—XXVII (1892/1917) gebd. ermäßigt . . à Mk. 1.20
Jahrgang XXVIII (1918) gebd. ermäßigt . . . . . . Mk. 6.—
Jahrgang I—XXVIII gebd. und Ges.-Reg. I—XII ermäßigt Mk. 38.—
Gesamt-Register zu den Jahrgängen I—XII (1891—1902)
4°. (5 Bogen) Broschiert . . . . Mk. 1.50

Allfeld, Dr. Philipp, Geh. Hofrat, Professor in Erlangen.

Die Strafgesetzgebung des Deutschen Reichs. Sammlung aller Reichsgesetze strafrechtlichen und strafprozessualen Inhalts. Mit einem Gesamtregister. 2. Aufl. 1913. Gr. 8°. XII, 1315 S. Geb. **Mk. 13.—**
dazu 25% Verlags-Teuerungszuschlag.

Buchert, Karl, Rat d. b. Verwaltungsgerichtshofes.

Sammlung in der Praxis oft angewandter Verwaltungsgesetze nebst einer Anzahl derartiger Verordnungen 2c. für Bayern. In einem Bande unter Berücksichtigung aller bisherigen Aenderungen nach dem nunmehr gültigen Texte mit Beifügung eines Sachregisters zusammengestellt. 3. vermehrte und ergänzte Auflage. 1911. gr. 8°. 1274 S. In Ganzleinen geb. Mk. 12.50
dazu 25% Verlags-Teuerungszuschlag.

Jaeger, Dr. Ernst, Geh. Hofrat, Professor in Leipzig.

Reichszivilgesetze. Eine Sammlung der wichtigsten Reichsgesetze über Bürgerliches Recht und Rechtspflege.

Reichsausgabe.	Ausgabe für Bayern.
Etwa 100 Gesetze.	Etwa 120 Gesetze.
1600 S. Geb. 8 Mk.	1812 S. Geb. 11 Mk.

dazu 25% Verlags-Teuerungszuschlag.

J. Schweitzer Verlag (Arthur Sellier) München.

Zeitschrift für Rechtspflege in Bayern

Herausgegeben von
Th. von der Pfordten
K. I. Staatsanwalt im K. Bayer.
Staatsministerium der Justiz

Verlag von
J. Schweitzer Verlag
(Arthur Sellier)
München und Berlin.

Monatlich 2 Nummern in Quartformat.
Bezugspreis vierteljährlich Mk. 4.—.

Unter den juristischen Zeitschriften, die dem jungen Juristen während der Vorbereitungspraxis dienen, steht an erster Stelle die

Zeitschrift für Rechtspflege in Bayern.

Sie trägt den besonderen Bedürfnissen der bayerischen Rechtspraktikanten am weitgehendsten Rechnung. Was die „ZfR." in jedem Jahrgange an längeren Abhandlungen und kurzen Mitteilungen aus dem Reichs- und Landesrecht bringt, bildet wertvolles Material zur Vorbereitung auf die Staatsprüfung.

Ihr Hauptaugenmerk richtet die „ZfR." auf die tunlichst rasche Berichterstattung über die Entscheidungen der oberen Gerichtshöfe. Jede Nummer bringt eine große Zahl wichtiger Erkenntnisse des Reichsgerichts. Die bedeutsame Rechtsprechung des Bayer. Obersten Landesgerichts wird nahezu vollständig veröffentlicht. Auf sorgfältige Redaktion der Begründung ist bei allen Entscheidungen besonderes Gewicht gelegt.

Welche hervorragende Bedeutung der Zeitschrift für Rechtspflege in Bayern unter den Vorbereitungsmitteln für die Staatsprüfung zukommt, wird jeder Teilnehmer an den letzten Prüfungen, der den Inhalt der Zeitschrift für Rechtspflege eifrig studiert hatte, bestätigen können.

Nachbezug der früheren Jahrgänge

der **„Zeitschrift für Rechtspflege in Bayern"**. Die Preise der früheren Jahrgänge sind bedeutend ermäßigt, um auch den neuen Abonnenten die leichte Nachschaffung der erschienenen Bände zu ermöglichen. Es kosten die Jahrgänge I—XIII (1905—1917) in Ganzleinen gebunden je Mk. 5.—. Jahrgang XIV (1918) gebunden Mk. 14.50; zusammengenommen kosten die 14 Bände 1905—1918 gebunden nur Mk. 75.—.

Auf die Stellenanzeigen sei besonders hingewiesen.

J. Schweitzer Verlag (Arthur Sellier) München.

FSC
www.fsc.org
MIX
Papier | Fördert
gute Waldnutzung
FSC® C083411

Kolibri 360 GmbH
Ferdinand-Jühlke-Straße 7
99095 Erfurt, Deutschland
produktsicherheit@kolibri360.de